박문각 행정사

브랜드만족
1위
박문각

근거자료
후면표기

**20
25**

2차

5년 최다
**전체
수석**
합격자 배출

예영상 강의 www.pmg.co.kr

임병주
행정사실무법

박문각 행정사연구소 편_임병주

사례/단문

박문각

머리말

"행정사 시험에 적합한 사례문제와 시험시간 대비 적당한 분량의 해설"

I. 들어가면서

행정사 2차 과목으로 행정사실무법은 「행정심판법」, 「비송사건절차법」, 「행정사법」을 시험범위로 출제가 됩니다. 이 중 「행정심판법」은 사례에 대한 논술형 문제가 출제되고 「비송사건절차법」과 「행정사법」은 단문약술형으로 출제가 되고 있습니다. 이에 대비하여 마땅한 문제집이 없었다는 점에서 본 교재를 집필하게 되었습니다.

본 교재는 기출문제에 대한 해설집이 아니라는 것을 먼저 밝힙니다. 특히 행정심판 사례문제는 기출문제에서 출제되지 않은 부분까지 포함하여 출제가 예상되는 영역에 대한 문제가 수록되어 있습니다.
2차 주관식 시험을 대비하기 위해서는 출제가능한 영역을 주어진 시간에 답안에 서술할 수 있도록 미리 정형화시켜 반복적으로 학습을 해두어야 합니다. 본 교재는 이를 가장 중점에 두고 제작되었습니다.

II. 교재구성의 특징

1. 행정심판 사례문제

(1) 문제의 구성

진도별로 출제가능한 쟁점에 대한 사례를 문제로 구성한 후 진도별 이후에는 전 범위 사례문제로 종합적으로 정리할 수 있도록 구성되었습니다. 사례는 가능하면 판례와 행정심판재결을 참조하였고 관련판례가 있다면 이를 해설의 끝에 첨부하였습니다. 진도별 문제마다 기출사례를 제시하고 사안의 쟁점과 사례해결을 간략하게 하였습니다.

(2) 해설의 구성

문제에 대한 해설은 행정사 시험에서 요구하는 답안작성 수준과 시험시간을 고려하여 실제 답안에 서술할 분량에 맞게 해설하려고 노력하였습니다. 동일한 쟁점이 여러 형태의 사례로 출제되는 것에 대비하여 쟁점이 동일한 것은 동일하게 해설하여 반복학습의 효과를 높이도록 하였습니다.

2. 단문약술형 문제

「비송사건절차법」과 「행정사법」은 출제가능한 주제에 대해 실제 시험장에서 답안에 작성할 분량을 고려하여 구성하였습니다. 단문약술형은 기출문제가 반복적으로 출제되는 경향을 반영하여 기출된 영역과 아직 출제되지 않은 영역도 추가적으로 단문약술형으로 구성하였습니다.

Ⅲ. 학습을 위한 조언

본 교재는 행정사실무법에 대한 기본적 지식을 바탕으로 이를 연습하기 위해 제작되었습니다. 행정사실무법 기본서와 함께 병행하면서 학습하기를 권장합니다. 특히 2차 기본서에 수록된 연도별 기출문제는 자신의 것으로 만들고 이를 바탕으로 본 교재의 문제를 정리하는 것이 바람직한 학습방법입니다.

쉽게 합격할 수 있는 시험이 아니지만 노력한다면 반드시 합격할 수 있고, 실력이 있어야 합격할 수 있다는 것을 다시 한번 강조 드립니다. 여러분들의 합격을 간절히 소망합니다.

끝으로 저의 독촉을 참아가며 훌륭한 교재를 만들기 위해 헌신을 다해주신 출판부 관계자분들께 고개 숙여 감사의 말씀을 드립니다.

저자 임병주 올림

행정사 2차 시험 정보

1. 시험 일정: 매년 1회 실시

원서 접수	시험 일정	합격자 발표
2025년 8월경	2025년 10월경	2025년 12월경

2. 시험 과목 및 시간

교시	입실	시험 시간	시험 과목	문항 수	시험 방법
1교시	09:00	09:30~11:10 (100분)	**[공통]** ① 민법(계약) ② 행정절차론(행정절차법 포함)	과목당 4문항 (논술 1, 약술 3) ※ 논술 40점, 약술 20점	논술형 및 약술형 혼합
2교시	11:30	•일반/해사 행정사 11:40~13:20 (100분) •외국어번역 행정사 11:40~12:30 (50분)	**[공통]** ③ 사무관리론 (민원 처리에 관한 법률, 행정업무의 운영 및 혁신에 관한 규정 포함) **[일반행정사]** ④ 행정사실무법(행정심판사례, 비송사건절차법) **[해사행정사]** ④ 해사실무법(선박안전법, 해운법, 해사안전기본법, 해사교통안전법, 해양사고의 조사 및 심판에 관한 법률) **[외국어번역행정사]** 해당 외국어(외국어능력시험으로 대체 가능한 영어, 중국어, 일본어, 프랑스어, 독일어, 스페인어, 러시아어 등 7개 언어에 한함)		

외국어능력검정시험 성적표 제출

2차 시험 원서 접수 마감일 전 5년 이내에 실시된 것으로 기준 점수 이상이어야 함

● 영어

시험명	TOEIC	TEPS	TOEFL	G–TELP	FLEX	IELTS
기준 점수	쓰기시험 150점 이상	쓰기시험 71점 이상	쓰기시험 25점 이상	GWT 작문시험에서 3등급 이상(1, 2, 3등급)	쓰기시험 200점 이상	쓰기시험 6.5점 이상

● 일본어, 중국어, 스페인어, 프랑스어, 독일어, 러시아어

시험명	FLEX (공통)	신HSK (중국어)	DELE (스페인어)	DELF/DALF (프랑스어)	괴테어학 (독일어)	TORFL (러시아어)
기준 점수	쓰기 시험 200점 이상	6급 또는 5급 쓰기 60점 이상	C1 또는 B2 작문 15점 이상	C2 독해/작문 25점 이상 및 C1 또는 B2 작문 12.5점 이상	C2 또는 B2 쓰기 60점 이상 및 C1 쓰기 15점 이상	1~4단계 쓰기 66% 이상

시험의 면제

1. **면제 대상**: 공무원으로 재직한 사람과 외국어 번역 업무에 종사한 경력이 있는 사람 등은 행정사 자격시험의 전부 또는 일부가 면제된다(제2차 시험 일부 과목 면제).

2. 2차 시험 면제 과목

일반/해사행정사	행정절차론, 사무관리론
외국어번역행정사	민법(계약), 해당 외국어

합격자 결정 방법

1. **합격기준**: 1차 시험 및 2차 시험 합격자는 과목당 100점을 만점으로 하여 모든 과목의 점수가 40점 이상이고, 전 과목의 평균 점수가 60점 이상인 사람으로 한다(단, 2차 시험에서 외국어시험을 외국어능력검정시험으로 대체하는 경우에는 해당 외국어시험은 제외).

2. **최소합격인원**: 2차 시험 합격자가 최소선발인원보다 적은 경우에는 최소선발인원이 될 때까지 모든 과목의 점수가 40점 이상인 사람 중에서 전 과목 평균점수가 높은 순으로 합격자를 추가로 결정한다. 이 경우 동점자가 있어 최소선발인원을 초과하는 경우에는 그 동점자 모두를 합격자로 한다.

출제경향 분석

Ⅰ. 총평

1. 한줄평

제12회 행정사실무법의 출제를 한마디로 축약하면 "평이하였다."입니다.

2. 행정심판 사례형 문제

행정심판사례의 경우 거부처분의 성립요건과 인용재결의 기속력에 관한 문제가 출제되었습니다. 행정심판의 대상으로서 거부처분의 성립요건과 이에 대해 적합한 행정심판의 유형을 묻는 문제였습니다. 거부처분은 취소심판, 무효등확인심판, 의무이행심판의 대상이 모두 된다는 것을 알아야 정확히 서술할 수 있는 문제였습니다.

인용재결의 기속력과 관련해서도 거부처분에 대해 인용재결이 있는 경우 행정청에게 재처분의무가 발생한다는 것과 새로운 사유로 다시 거부하는 것이 기속력에 위반되는지 문제였습니다. 다시 거부하는 사유가 새로운 사유인지 기본적 사실관계 동일성으로 비교하면 되는 문제입니다.

3. 약술형

(1) 행정사법은 아직까지 출제되지 않았던 문제이지만 행정사로서 행정사업무가 어떤 것이 있는지 알아야 된다는 의미에서 실전모의고사에서 한번 출제했던 문제가 그대로 출제되었습니다.

(2) 비송사건절차법은 이미 출제되었던 문제가 출제되어서 어렵지 않게 서술했을 것으로 보입니다. 비송사건에서 사실인정을 위한 직권탐지와 직권에 의한 증거조사는 여러 번 출제되었고, 비송사건의 종료원인도 이미 출제되었던 문제입니다. 우려했던 개별사건의 출제는 역시나 올해도 출제되지 않았습니다.

Ⅱ. 전년 대비 난이도 변화

전년도와 비교해 보면 난이도는 비슷하다고 보입니다. 사례문제의 경우 함정이 없었고 약술형은 평소 정리한 수준으로 서술하면 충분했을 것으로 보입니다.

Ⅲ. 내년 대비 시험준비 방향

과목별로 돌아가면서 난이도를 조절하는 시험경향에 비추어, 내년에는 어렵게 출제될 가능성이 높다고 조심스럽게 예상해 봅니다. 다만, 세부적인 내용보다는 기본이론을 충분히 정리하고 있는지를 묻는 문제로 출제될 것으로 보입니다. 출제되었던 쟁점과 주제를 중심으로 기본부터 착실하게 정리하는 것이 중요합니다.

행정사
임병주 행정사실무법

구분	행정심판법	행정사법	비송사건절차법
제1회	처분절차의 하자와 사정재결(40점)		1. 비송사건의 심리방법 (20점) 2. 재판상의 대위 (20점)
제2회	신뢰보호원칙 위반에 대한 인용재결 여부 (40점)	업무정지사유와 업무정지처분효과의 승계 (20점)	1. 비송사건절차의 종료 사유 (20점) 2. 과태료 재판에 대한 불복방법 (20점)
제3회	정보공개거부의 위법성과 인용재결 여부 (40점)	'장부 검사'와 '자격취소' (20점)	1. 항고의 의의 및 종류 (20점) 2. '토지관할'과 '우선관할 및 이송' (15점) 3. 관할법원의 지정 (5점)
제4회	가구제로서 임시처분(40점)	과태료 부과대상자의 유형 및 내용 (20점)	1. 재판의 방식과 고지 (20점) 2. 비송사건의 대리(사례) (20점)
제5회	1. 심판청구요건 중 대상적격, 청구인적격, 심판청구기간 (30점) 2. 처분사유 추가변경 (10점)	업무신고와 그 수리 거부 (20점)	1. 과태료 재판에 대한 즉시항고 (20점) 2. 재판의 취소·변경 (20점)
제6회	1. 거부처분 취소재결에 대한 기속력 (20점) 2. 거부처분의 성립요건 (20점)	금지행위와 벌칙 (20점)	1. 재판에 형성력, 형식적 확정력, 기판력, 집행력 (20점) 2. '절차비용의 부담자'와 '비용에 관한 재판' (20점)
제7회	1. 행정심판위원회 관할, 심판 참가인 (20점) 2. 인용재결에 대한 재처분의무, 그 이행확보수단(20점)	행정사의 업무와 관련된 의무와 책임 (20점)	1. 비송사건절차의 특징 20점) 2. 증거조사 (20점)
제8회	1. 고지의무와 심판청구기간 (20점) 2. 취소심판 인용재결의 종류 (20점)	업무신고의 기준과 행정사업무신고확인증 (20점)	1. 항고기간과 항고제기의 효과 (20점) 2. 대리인의 자격 및 대리가 허용되지 않는 경우 (10점) 3. 대리권의 증명 및 대리행위의 효력 (10점)
제9회	1. 이의신청과 행정심판의 구별 (20점) 2. 이의신청에서 처분사유의 추가·변경 (20점)	행정사법인의 설립과 설립인가의 취소 (20점)	1. 절차의 개시 유형 (20점) 2. 비송사건과 민사소송사건의 구별 기준 및 차이점 (20점)
제10회	1. 집행정지 (20점) 2. 재결의 기속력 (20점)	행정사법인의 업무신고 및 그 수리의 거부와 행정사법인의 업무수행방법 (20점)	1. 기일 (20점) 2. 재량이송과 이송재판의 효력 (20점)
제11회	1. 집행정지 (20점) 2. 재결의 기속력과 간접강제 (20점)	행정사 자격취소와 업무정지 (20점)	1. 토지관할과 이송 (20점) 2. 항고의 종류와 효과 (20점)
제12회	1. 거부처분의 성립요건과 행정심판의 종류 (20점) 2. 인용재결의 기속력의 내용과 범위 (20점)	일반 행정사의 업무 (20점)	1. 비송사건의 사실인정방법 (20점) 2. 비송사건의 종료원인 (20점)

CONTENTS

차 례

행정사
임병주 행정사실무법

01

행정심판 사례형 문제

01 행정심판 진도별 사례연습

제1절 행정심판인 이의신청과 행정심판이 아닌 이의신청

≫ 사례 01

쟁점 : 이의신청과 행정심판

甲은 태양광발전시설을 설치하기 위해 관할 군수 乙에게 개발행위허가를 신청하였으나 乙은 산림훼손 우려가 있다는 이유로 거부처분을 하였다. 甲은 「민원처리에 관한 법률」 제35조에 따라 乙에게 이의신청을 하였다. 군수 乙은 甲의 이의신청을 검토한 후 종전과 동일한 이유로 이의신청을 기각하는 결정을 하였다.

군수 乙의 기각결정의 법적 성격과 기각결정을 송달받은 甲은 乙의 거부처분에 대해 행정심판을 청구할 수 있는지 설명하시오. (20점)

Ⅰ 사례의 논점

「민원처리에 관한 법률」상의 이의신청을 행정심판으로 볼 수 있는지 문제된다. 행정심판으로 보게 되면 이의신청을 거친 경우 행정심판을 청구할 수 없지만, 행정심판으로 보지 않는다면 행정심판을 청구할 수 있다.

Ⅱ 이의신청

1. 의의

행정청의 행정결정에 대한 불복 중 행정심판이 아닌 불복방법을 이의신청이라 한다.

2. 행정심판인 이의신청

개별법상 이의신청이 행정심판인 경우가 있고 행정심판이 아닌 경우가 있다. 이의신청이 행정심판인 경우 이에 대한 결정과 대상되는 처분은 행정심판을 청구할 수 없다.

Ⅲ 구별기준

1. 학설

(1) 심판기관기준설

처분청 자체에 제기하는 이의신청은 행정심판이 아닌 이의신청으로 보고, 처분청의 직근상급행정청이나 행정심판위원회에 제기하는 이의신청은 행정심판인 이의신청으로 보는 견해이다.

(2) 불복절차기준설

개별법률에서 이의신청 중 준사법절차가 보장되는 것만을 행정심판으로 보고 그렇지 않은 것은 행정심판이 아닌 이의신청으로 보는 견해이다.

2. 판례

절차 및 담당기관을 기준으로 구분한다.

3. 소결

「헌법」 제107조 제3항은 행정심판절차는 사법절차가 준용되어야 한다고 규정하고 있는 점에서 준사법절차가 보장되는 것만 행정심판으로 봐야 한다.

Ⅳ 「민원처리에 관한 법률」상 이의신청의 법적 성격

민원인은 이의신청 여부와 관계없이 「행정심판법」에 따른 행정심판 또는 「행정소송법」에 따른 행정소송을 제기할 수 있으므로 행정심판이 아닌 이의신청에 해당한다.

Ⅴ 설문의 해결

군수 乙의 기각결정을 송달받은 甲은 군수 乙의 개발행위허가신청에 대한 거부처분을 대상으로 이의신청에 대한 결과를 통지받은 날부터 90일 이내에 행정심판을 청구할 수 있다.

≫ 사례 02

쟁점 : 이의신청과 행정심판

A시는 A시에 소재한 甲 소유 임야 10,620 m²가 포함된 일대의 토지에 대해 「공익사업을 위한 토지 등의 취득 및 보상에 관한 법률」상 공익사업인 공원조성사업을 시행하기로 하였다. 공원조성사업의 시행자인 A시의 시장은 甲과의 협의가 성립되지 아니하자 관할 X 지방토지수용위원회에 수용재결을 신청하였고, X 지방토지수용위원회는 이 사건 토지를 토지보상법에 따라 금 7억 원의 보상금으로 수용하는 재결을 하였다. 그러나 甲은 "이 사건 토지는 공원용지로서 부적합하며, 인접 토지와의 사이에 경계, 위치, 면적, 형상 등을 확정할 수 없어 정당한 보상액의 산정은 물론 수용대상 토지 자체의 특정이 어려워 토지수용 자체가 불가능하므로 수용재결이 위법하다"는 이유로 「토지보상법」 제83조에 따라 X 지방토지수용위원회를 거쳐 중앙토지수용위원회에 이의를 신청하였다. 이에 중앙토지수용위원회는 이 사건 토지에 대한 수용 자체는 적법하다고 인정하면서 이 사건 토지에 대한 보상금을 금 8억 원으로 하는 재결(이하 '이의재결'이라 한다)을 하였다. 甲은 중앙토지수용위원회의 이의재결에 대해서 행정심판을 청구하는 것이 가능한지 설명하시오.

(20점)

Ⅰ 사례의 논점

중앙토지수용위원회의 이의신청을 행정심판으로 볼 수 있는지 문제된다. 행정심판으로 보게 되면 이의신청을 거친 경우 행정심판을 청구할 수 없지만, 행정심판으로 보지 않는다면 행정심판을 청구할 수 있다.

Ⅱ 이의신청

1. 의의

행정청의 행정결정에 대한 불복 중 행정심판이 아닌 불복방법을 이의신청이라 한다.

2. 행정심판인 이의신청

개별법상 이의신청이 행정심판인 경우가 있고 행정심판이 아닌 경우가 있다. 이의신청이 행정심판인 경우 이에 대한 결정과 대상되는 처분은 행정심판을 청구할 수 없다.

Ⅲ 구별기준

1. 학설

(1) 심판기관기준설

처분청 자체에 제기하는 이의신청은 행정심판이 아닌 이의신청, 처분청의 직근상급행정청이나 행정심판위원회에 제기하는 이의신청은 행정심판인 이의신청으로 보는 견해이다.

(2) 불복절차기준설

개별법률에서 이의신청 중 준사법절차가 보장되는 것만을 행정심판으로 보고 그렇지 않은 것은 행정심판이 아닌 이의신청으로 보는 견해이다.

2. 판례

절차 및 담당기관을 기준으로 구분한다.

3. 소결

「헌법」 제107조 제3항은 행정심판절차는 사법절차가 준용되어야 한다고 규정하고 있는 점에서 준사법절차가 보장되는 것만 행정심판으로 봐야 한다.

Ⅳ 중앙토지수용위원회의 이의재결의 법적 성격

X 지방토지수용위원회의 수용재결에 대해 독립적 기관인 중앙토지수용위원회가 별도의 절차를 거쳐 이의재결을 하였다는 점에서 「행정심판법」 이외의 다른 법률에 의한 행정심판으로 봐야 한다.

Ⅴ 설문의 해결

중앙토지수용위원회의 이의재결은 행정심판으로 봐야 하므로 甲의 행정심판청구는 허용되지 않는다.

≫ 사례 03

쟁점 : 이의신청과 행정심판

甲은 2022. 9. 19. 乙지방보훈청장에게 우견부 후방관절순 파열 등을 신청 상이로 하여 국가유공자 등록신청을 하였고, 乙지방보훈청장은 2023. 3. 14. '이 사건 상이와 군 공무수행 사이에 상당인과관계가 인정되지 않는다'는 이유로 국가유공자 및 보훈보상대상자 요건 비해당결정처분(이하 '원결정'이라 한다)을 하였다. 이에 甲은 2023. 4. 5. 乙지방보훈청장에게 재심의 신청을 하였고, 乙지방보훈청장이 보훈심사위원회의 재심의를 거쳐 2023. 8. 30. 원결정과 같은 취지에서 한 국가유공자 및 보훈보상대상자 요건 재심의 비해당결정에 대해 甲은 취소를 구하는 행정심판을 2023. 11. 20.에 청구하였다.

甲의 위 재심결정의 취소를 구하는 행정심판은 허용되는가? (20점)

Ⅰ 사례의 논점

乙지방보훈청장의 재심의 결정을 행정심판으로 볼 수 있는지 문제된다. 행정심판으로 보게 되면 이의신청을 거친 경우 행정심판을 청구할 수 없지만, 행정심판으로 보지 않는다면 행정심판을 청구할 수 있다.

Ⅱ 이의신청

1. 의의

행정청의 행정결정에 대한 불복 중 행정심판이 아닌 불복방법을 이의신청이라 한다.

2. 행정심판인 이의신청

개별법상 이의신청이 행정심판인 경우가 있고 행정심판이 아닌 경우가 있다. 이의신청이 행정심판인 경우 이에 대한 결정과 대상되는 처분은 행정심판을 청구할 수 없다.

Ⅲ 구별기준

1. 학설

(1) 심판기관기준설

처분청 자체에 제기하는 이의신청은 행정심판이 아닌 이의신청으로 보고, 처분청의 직근상급행정청이나 행정심판위원회에 제기하는 이의신청은 행정심판인 이의신청으로 보는 견해이다.

(2) 불복절차기준설

개별법률에서 이의신청 중 준사법절차가 보장되는 것만을 행정심판으로 보고 그렇지 않은 것은 행정심판이 아닌 이의신청으로 보는 견해이다.

2. 판례

절차 및 담당기관을 기준으로 구분한다.

3. 소결

「헌법」 제107조 제3항은 행정심판절차는 사법절차가 준용되어야 한다고 규정하고 있는 점에서 준사법절차가 보장되는 것만 행정심판으로 봐야 한다.

Ⅳ 乙지방보훈청장의 재심의결정의 법적 성격

乙지방보훈청장의 재심의결정은 신청 대상자의 신청 사항을 다시 심사하여 잘못이 있는 경우 스스로 시정하도록 한 절차라는 점에서 행정심판이 아닌 이의신청으로 봐야 한다.

Ⅴ 설문의 해결

乙지방보훈청장의 재심의결정은 이의신청에 해당하므로 결과를 통지받은 날부터 90일 이내에 국가유공자 및 보훈보상대상자 요건 비해당결정처분에 대한 행정심판을 청구할 수 있다.

≫ 사례 04

쟁점 : 이의신청과 행정심판

甲시장이 乙 소유 토지의 경계확정으로 지적공부상 면적이 감소되었다는 이유로 지적재조사위원회의 의결을 거쳐 乙에게 조정금 수령을 통지하자(1차 통지), 乙이 구체적인 이의신청 사유와 소명자료를 첨부하여 이의를 신청하였으나, 甲시장이 지적재조사위원회의 재산정 심의·의결을 거쳐 종전과 동일한 액수의 조정금 수령을 통지한(2차 통지) 경우, 2차 통지는 행정심판의 대상되는 처분에 해당하는지 설명하시오. (20점)

Ⅰ 사례의 논점

甲시장의 2차 조정금 수령 통지가 1차 조정금 수령 통지에 대한 이의신청에 의해 이루어 졌다는 점과 종전과 동일한 액수라는 점에서 종전 처분과 동일한 처분으로 볼 것인지 새로운 처분으로 볼 것인지 문제된다.

Ⅱ 이의신청에 대한 행정심판

1. 이의신청의 의의

행정청의 행정결정에 대한 불복 중 행정심판이 아닌 불복방법을 이의신청이라 한다.

2. 이의신청에 대한 결정의 성질

⑴ 행정심판이 아닌 이의신청

1) 원처분을 취소 · 변경하는 결정

원처분을 취소 · 변경하는 결정은 새로운 최종적 처분으로서 행정심판의 대상이 된다.

2) 원처분을 유지하는 기각결정

원칙적으로는 행정심판의 대상되는 처분이 아니지만, 새로운 신청에 따른 것이거나 별도의 의사결정 과정과 절차를 거쳐 이루어진 독립된 행정처분의 성격을 갖는 경우 행정심판의 대상되는 처분에 해당한다.

⑵ 행정심판인 이의신청

이의신청에 대한 결정은 행정심판 재결에 해당하여 행정심판을 청구할 수 없다.

Ⅲ 설문의 해결

甲시장의 2차 통지는 단순히 이의신청을 받아들이지 않는다는 내용에 그치는 것이 아니라, 조정금에 대하여 다시 재산정, 심의 · 의결절차를 거친 결과 그 조정금이 종전 금액과 동일하게 산정되었다는 새로운 처분으로 2차 통지는 1차 통지와 별도로 행정심판의 대상이 되는 처분으로 보는 것이 타당하다.

참조 판례

갑 시장이 을 소유 토지의 경계확정으로 지적공부상 면적이 감소되었다는 이유로 지적재조사위원회의 의결을 거쳐 을에게 조정금 수령을 통지하자(1차 통지), 을이 구체적인 이의신청 사유와 소명자료를 첨부하여 이의를 신청하였으나, 갑 시장이 지적재조사위원회의 재산정 심의·의결을 거쳐 종전과 동일한 액수의 조정금 수령을 통지한(2차 통지) 사안에서, 구 지적재조사에 관한 특별법 제21조의2가 신설되면서 조정금에 대한 이의신청 절차가 법률상 절차로 변경되었으므로 그에 관한 절차적 권리는 법률상 권리로 볼 수 있는 점, 을이 이의신청을 하기 전에는 조정금 산정결과 및 수령을 통지한 1차 통지만 존재하였고 을은 신청 자체를 한 적이 없으므로 을의 이의신청은 새로운 신청으로 볼 수 있는 점, 2차 통지서의 문언상 종전 통지와 별도로 심의·의결하였다는 내용이 명백하고, 단순히 이의신청을 받아들이지 않는다는 내용에 그치는 것이 아니라 조정금에 대하여 다시 재산정, 심의·의결절차를 거친 결과, 그 조정금이 종전 금액과 동일하게 산정되었다는 내용을 알리는 것이므로, 2차 통지를 새로운 처분으로 볼 수 있는 점 등을 종합하면, 2차 통지는 1차 통지와 별도로 행정쟁송의 대상이 되는 처분으로 보는 것이 타당하다(대판 2022.3.17. 2021두53894).

2021년 제9회 행정사 기출

甲은 1988. 9. 1. A제철주식회사에 입사하여 발전시설에서 근무하다가 터빈 및 보일러 작동 소음에 장기간 노출되어 우측 청력에 중대한 장애가 발생하였다는 이유로 전보를 요청하였고, 2004. 3. 2. 시약생산과로 전보되어 근무하다가 2009. 2. 6. 퇴사하였다. 甲은 2009. 3. 6. 근로복지공단에 '우측 감각신경성 난청'에 대한 장해보상청구를 하였는데, 근로복지공단은 2009. 5. 9. 보험급여 청구를 3년간 행사하지 않아 장해보상청구권이 소멸하였다는 점을 사유로 장해급여 부지급 결정을 甲에게 통보하였다. 甲은 이에 불복하여 근로복지공단에 대한 심사청구를 거쳐 산업재해보상보험재심사위원회에 재심사청구를 하였다. 이에 근로복지공단은 甲의 상병이 업무상 재해인 소음성 난청으로 보기 어렵다는 처분사유를 추가하였다. 다음 물음에 답하시오. (40점)

※ 당시 산업재해보상보험법령에 따르면 장해보상청구권은 치유일부터 3년 이내에 행사하여야 하며, 그 치유시기는 해당 근로자가 더 이상 직업성 난청이 유발될 수 있는 장소에서 업무를 하지 않게 되었을 때로 한다고 규정하고 있었다.

물음 1) 근로복지공단이 행정심판의 피청구인이 될 수 있는지를 검토하고, 근로복지공단의 심사청구 및 산업재해보상보험재심사위원회의 재심사청구의 법적성질에 관하여 논하시오. (20점)

물음 2) 근로복지공단에 의한 처분사유의 추가가 허용될 수 있는지를 검토하시오. (20점)

물음 1)

1. 사례의 논점

근로복지공단이 행정심판의 피청구인이 될 수 있는지는 근로복지공단의 심사청구 및 산업재해보상보험 재심사위원회의 재심사청구에 대해 행정심판을 청구할 수 있는가와 관련되어 있다.

01

2. 설문의 해결

① 근로복지공단의 심사청구는 내부시정절차에 해당하나 「산업재해보상보험법」상 행정심판을 청구할
수 없고 산업재해보상보험재심사위원회에 재심사청구를 할 수 있다(「산업재해보상보험법」 제103조
제1항·제5항 참조).

② 산업재해보상보험재심사위원회의 재심사청구는 행정심판에 해당하므로 위원회의 재심사청구에 대
해서는 행정심판을 청구할 수 없다. 따라서 근로복지공단은 행정심판의 피청구인이 될 수 없다.

물음 2)

1. 사례의 논점

근로복지공단이 산업재해보상보험재심사위원회의 재심사과정에서 甲의 상병이 업무상 재해인 소음성
난청으로 보기 어렵다는 처분사유를 추가할 수 있는지 문제된다.

2. 설문의 해결

근로복지공단의 심사청구과정은 내부시정절차이므로 기본적 사실관계의 동일성과 상관없이 처분사유를 추가
할 수 있다.

제2절 행정심판의 대상적격

>> 사례 05

쟁점 : 처분개념

甲은 조각석 표면에 그물망(메쉬, mesh)을 접착제로 부착하여 조각석의 짜맞추어진 형태를 유지하는 모자이크 페이빙(paving) 기술에 관한 특허권을 갖고 있었다. 조달청은 2021. 12. 30. 甲이 위 특허기술을 이용하여 생산한 모자이크스톤블록 13개 제품을 「조달사업에 관한 법률」 제26조 제1항에 따라 '우수조달물품'으로 지정하였다. 조달청은 모자이크 페이빙(paving) 제품을 국가종합전자조달시스템인 나라장터 종합쇼핑몰 인터넷 홈페이지에 등록하였고, 甲은 나라장터 종합쇼핑몰을 통해 2022. 4. 11. 인천광역시 중구, 2022. 9. 2. 수원시 화성사업소, 2022. 9. 25. 수원시로부터 이 사건 제품의 납품을 요구받았다. 甲은 각각의 수요기관에 이 사건 제품을 납품하였는데, 그중 일부(총 물량의 23%)에 규격서와 달리 조각석에 그물망을 부착하지 않고 조각석 표면에 잔다듬 시공을 하였다. 조달청은 2023. 6. 13. '원고가 이 사건 수요기관에 공급하고 있는 제품에 대한 계약이행내역 점검 결과 계약 규격과 상이한 점이 있다'는 이유로 추가특수조건 제22조 제1항 제16호에 따라 甲에 대하여 6개월의 나라장터 종합쇼핑몰 거래정지 조치를 취하였다.

甲에 대한 조달청의 6개월의 나라장터 종합쇼핑몰 거래정지 조치는 행정심판의 대상이 되는 처분에 해당하는지 설명하시오. (20점)

Ⅰ 사례의 논점

甲에 대한 조달청의 6개월의 나라장터 종합쇼핑몰 거래정지 조치가 행정심판의 대상되는 처분에 해당하는지 문제된다.

Ⅱ 취소심판의 대상 여부

1. 행정심판의 대상

행정청의 처분 또는 부작위를 대상으로 한다.

2. 「행정심판법」상 처분

(1) 처분개념

행정청이 행하는 구체적 사실에 관한 법집행으로서의 공권력의 행사 또는 그 거부, 그 밖에 이에 준하는 행정작용을 처분이라 한다.

(2) 직접적인 법적 효과

처분은 특정 사안에 법을 집행하여 구체적이고 직접적인 법적 효과에 영향을 주는 행정작용이어야 한다.

Ⅲ 거래정지 조치 처분성 인정 여부

조달청이 계약상대자에 대하여 나라장터 종합쇼핑몰에서의 거래를 일정 기간 정지하는 조치는 나라장터를 통하여 수요기관의 전자입찰에 참가하거나 나라장터 종합쇼핑몰에서 등록된 물품을 수요기관에 직접 판매할 수 있는 지위를 직접 제한하거나 침해하는 행위에 해당한다는 점에서 처분성이 인정된다.

Ⅳ 설문의 해결

甲에 대한 조달청의 6개월의 나라장터 종합쇼핑몰 거래정지 조치는 행정심판의 대상이 되는 처분에 해당한다.

참조 판례

갑 주식회사가 조달청과 물품구매계약을 체결하고 국가종합전자조달시스템인 나라장터 종합쇼핑몰 인터넷 홈페이지를 통해 요구받은 제품을 수요기관에 납품하였는데, 조달청이 계약이행내역 점검 결과 일부 제품이 계약 규격과 다르다는 이유로 물품구매계약 추가특수조건 규정에 따라 갑 회사에 대하여 6개월의 나라장터 종합쇼핑몰 거래정지 조치를 한 사안에서, 조달청이 계약상대자에 대하여 나라장터 종합쇼핑몰에서의 거래를 일정기간 정지하는 조치는 전자조달의 이용 및 촉진에 관한 법률, 조달사업에 관한 법률 등에 의하여 보호되는 계약상대자의 직접적이고 구체적인 법률상 이익인 나라장터를 통하여 수요기관의 전자입찰에 참가하거나 나라장터 종합쇼핑몰에서 등록된 물품을 수요기관에 직접 판매할 수 있는 지위를 직접 제한하거나 침해하는 행위에 해당하는 점 등을 종합하면, 위 거래정지 조치는 비록 추가특수조건이라는 사법상 계약에 근거한 것이지만 행정청인 조달청이 행하는 구체적 사실에 관한 법집행으로서의 공권력의 행사로서 그 상대방인 갑 회사의 권리·의무에 직접 영향을 미치므로 항고소송의 대상이 되는 행정처분에 해당한다(대판 2018.11.29. 2015두52395).

≫ 사례 06

> **쟁점 : 처분개념**
>
> 甲은 공무원으로 재직하다가 퇴직하여 구 「공무원연금법」에 따라 퇴직연금을 받고 있던 사람으로서 철차산업 직원으로 다시 임용되어 철차산업으로부터는 급여를 받고, 공무원연금관리공단으로부터는 여전히 퇴직연금을 지급받고 있었다. 그 후 구 「공무원연금법 시행규칙」이 개정되면서 철차산업이 구 「공무원연금법」 제47조 제2호 소정의 퇴직연금 중 일부의 금액에 대한 지급정지 기관으로 지정되었고 공무원연금관리공단으로부터 2000. 2. 1. 이후 매월마다 퇴직연금 중 2분의 1에 해당하는 금액의 지급이 정지된다는 내용의 통보를 받았다.
>
> 甲은 지급정지 통보를 받은 날로부터 90일 이내에 지급정지를 취소하라는 취소심판을 청구하였다. 이는 허용되는가? (20점)

Ⅰ 사례의 논점

甲에 대한 공무원연금관리공단의 퇴직연금지급정지의 통보가 행정심판의 대상되는 처분에 해당하는지 문제된다.

Ⅱ 취소심판의 대상 여부

1. 행정심판의 대상

행정청의 처분 또는 부작위를 대상으로 한다.

2. 「행정심판법」상 처분

(1) 처분개념

행정청이 행하는 구체적 사실에 관한 법집행으로서의 공권력의 행사 또는 그 거부, 그 밖에 이에 준하는 행정작용을 처분이라 한다.

(2) 직접적인 법적 효과

처분은 특정 사안에 법을 집행하여 구체적이고 직접적인 법적 효과에 영향을 주는 행정작용이어야 한다.

Ⅲ 지급정지통보의 처분성 인정 여부

甲의 퇴직연금지급정지는 공무원연금관리공단의 지급정지처분 여부에 관계없이 개정된 구「공무원연금법 시행규칙」이 시행된 때로부터 그 법 규정에 의하여 당연히 퇴직연금 중 일부 금액의 지급이 정지되는 것이므로, 공무원연금관리공단의 지급정지통보는 행정처분으로 볼 수 없다.

Ⅳ 설문의 해결

甲에 대한 공무원연금관리공단의 퇴직연금지급정지의 통보는 법 개정의 사실을 알려주는 데 불과하므로 행정심판의 대상되는 처분이 되지 않고 이에 대해서는 취소심판청구가 허용되지 않는다.

참조 판례

공무원으로 재직하다가 퇴직하여 구 공무원연금법에 따라 퇴직연금을 받고 있던 사람이 근로복지공단 직원으로 다시 임용되어 근로복지공단으로부터는 급여를 받고 공무원연금관리공단으로부터는 여전히 퇴직연금을 지급받고 있다가, 구 공무원연금법 시행규칙이 개정되면서 근로복지공단이 구 공무원연금법 제47조 제3호 소정의 퇴직연금 중 일부의 금액에 대한 지급정지기관으로 지정된 경우, 공무원연금관리공단의 지급정지처분 여부에 관계없이 개정된 구 공무원연금법 시행규칙이 시행된 때로부터 그 법 규정에 의하여 당연히 퇴직연금 중 일부 금액의 지급이 정지되는 것이므로, 공무원연금관리공단이 위와 같은 법령의 개정 사실과 퇴직연금 수급자가 퇴직연금 중 일부 금액의 지급정지 대상자가 되었다는 사실을 통보한 것은 단지 위와 같이 법령에서 정한 사유의 발생으로 퇴직연금 중 일부 금액의 지급이 정지된다는 점을 알려주는 관념의 통지에 불과하고, 그로 인하여 비로소 지급이 정지되는 것은 아니므로 항고소송의 대상이 되는 행정처분으로 볼 수 없다(대상 2004.12.24. 2003두15195).

≫ 사례 07

쟁점 : 처분개념

보건복지부장관은 甲 제약회사가 특정 도매업소에 다른 도매업소와의 평균거래가격보다 현저하게 저가로 약제를 공급한 것으로 판단하여 조정기준고시 제12조 제2항 제4호에 의하여 이 사건 약제와 관한 기존의 약제상한금액 고시의 상한금액을 조정하기로 하고, 그 조정방법으로는 약제 품목별로 위 조사대상 거래도매업소의 최고할인율에서 그 업소를 제외한 나머지 업소들의 평균 할인율과 기본가산율 10%를 각 공제한 비율을 상한금액 인하율로 정하고, 위 인하율에 의하여 이 사건 약제의 상한금액을 인하하기로 하였다.

보건복지부장관은 2002. 6. 20. 위와 같은 조정안에 대하여 건강보험정책심의조정위원회의 심의를 거친 후, 2002. 6. 27. 이 사건 고시로써 위 인하율을 적용한 금액을 이 사건 약제의 상한금액으로 고시하였다.

甲은 보건복지부장관의 인하고시에 대해 중앙행정심판위원회에 행정심판을 청구하였다. 보건복지부장관의 인하고시는 행정심판의 대상이 되는가? (20점)

Ⅰ 사례의 논점

사안에서 보건복지부장관의 약제상한금액 인하고시가 행정심판의 대상되는 처분에 해당하는지 문제된다.

Ⅱ 취소심판의 대상 여부

1. 행정심판의 대상

행정청의 처분 또는 부작위를 대상으로 한다.

2. 「행정심판법」상 처분

(1) 처분개념

행정청이 행하는 구체적 사실에 관한 법집행으로서의 공권력의 행사 또는 그 거부, 그 밖에 이에 준하는 행정작용을 처분이라 한다.

(2) 직접적인 법적 효과

처분은 특정 사안에 법을 집행하여 구체적이고 직접적인 법적 효과에 영향을 주는 행정작용이어야 한다.

Ⅲ 약제상한금액인하고시의 처분성 인정 여부

보건복지부장관의 고시인 약제급여·비급여목록 및 급여상한금액표는 특정 제약회사의 특정 약제에 대하여 국민건강보험가입자 또는 국민건강보험공단이 지급하여야 하거나 요양기관이 상환받을 수 있는 약제비용의 구체적 한도액을 특정하여 설정하고 있는 점에서 다른 집행행위의 매개 없이 그 자체로서 국민건강보험가입자, 국민건강보험공단, 요양기관 등의 법률관계를 직접 규율하는 성격을 가진다고 할 것이므로, 항고소송의 대상이 되는 행정처분에 해당한다.

Ⅳ 설문의 해결

甲 제약회사는 보건복지부장관을 피청구인으로 처분성이 인정되는 약제상한금액 인하고시에 대해 행정심판청구가 가능하다.

참조 판례

① 약제급여·비급여목록 및 급여상한금액표(보건복지부 고시 제2002-46호로 개정된 것, 이하 '이 사건 고시'라 한다)는 특정 제약회사의 특정 약제에 대하여 국민건강보험가입자 또는 국민건강보험공단이 지급하여야 하거나 요양기관이 상환받을 수 있는 약제비용의 구체적 한도액을 특정하여 설정하고 있는 점, ② 약제의 지급과 비용의 청구행위가 있기만 하면 달리 행정청의 특별한 집행행위의 개입 없이 이 사건 고시가 적용되는 점, ③ 특정 약제의 상한금액의 변동은 곧바로 국민건강보험가입자 또는 국민건강보험공단이 지급하여야 하거나 요양기관이 상환받을 수 있는 약제비용을 변동시킬 수 있다는 점 등에 비추어 보면, 이 사건 고시는 다른 집행행위의 매개 없이 그 자체로서 국민건강보험가입자, 국민건강보험공단, 요양기관 등의 법률관계를 직접 규율하는 성격을 가진다고 할 것이므로, 항고소송의 대상이 되는 행정처분에 해당한다(대판 2006.9.22. 2005두2506).

≫ 사례 08

쟁점 : 인허가 의제와 취소심판의 대상

A시장은 2014. 8. 25. 甲에 대해 임대주택단지에 임대아파트 9개 동 686세대를 건축하는 내용의
주택건설사업계획을 승인·고시하면서, 관계 행정청과의 협의 절차를 거쳐 이 사건 지구단위계
획결정이 의제 처리되었음을 함께 고시하였다. A시장은 2014. 9. 25. 이 사건 지구단위계획결정
에 관한 지형도면 고시를 하였다. 이에 乙은 A시장이 사전에 「국토의 계획 및 이용에 관한 법률」
제28조 등에서 정한 도시·군관리계획 입안을 위한 주민 의견청취 절차를 거치지 않았다는 이유
로 A시장을 상대로 지구단위계획결정에 대한 취소심판을 청구하려고 한다. 乙이 주택건설사업
계획과 별개로 지구단위계획결정만을 대상으로 취소심판청구를 하는 것이 허용되는가? (20점)

Ⅰ 사례의 논점

乙의 취소심판청구는 주택건설사업계획의 고시로 인해 의제되는 인허가인 지구단위계획결정에
대해서만 별도로 취소심판을 제기했다는 점에서 허용될 것인지 문제된다.

Ⅱ 취소심판의 대상 여부

1. 행정심판의 대상

행정청의 처분 또는 부작위를 대상으로 한다.

2. 「행정심판법」상 처분

(1) 처분개념

행정청이 행하는 구체적 사실에 관한 법집행으로서의 공권력의 행사 또는 그 거부, 그 밖에 이에
준하는 행정작용을 처분이라 한다.

(2) 직접적인 법적 효과

처분은 특정 사안에 법을 집행하여 구체적이고 직접적인 법적 효과에 영향을 주는 행정작용이어
야 한다.

Ⅲ 주된 인허가와 별도의 의제되는 인허가가 취소심판의 대상이 되는지

의제된 인허가는 통상적인 인허가와 동일한 효력을 가지므로, 그 효력을 제거하기 위한 법적 수단
으로 의제된 인허가의 취소나 철회가 허용될 수 있고, 이러한 직권취소·철회가 가능한 이상 그
의제된 인허가에 대한 쟁송취소 역시 허용된다.

Ⅳ 설문의 해결

乙이 주택건설사업계획과 별개로 의제되는 지구단위계획결정만을 대상으로 취소심판청구가 허용
된다.

참조 판례

인허가 의제 대상이 되는 처분에 어떤 하자가 있더라도, 그로써 해당 인허가 의제의 효과가 발생하지 않을
여지가 있게 될 뿐이고, 그러한 사정이 주택건설사업계획 승인처분 자체의 위법사유가 될 수는 없다. 또한
의제된 인허가는 통상적인 인허가와 동일한 효력을 가지므로, 적어도 '부분 인허가 의제'가 허용되는 경우
에는 그 효력을 제거하기 위한 법적 수단으로 의제된 인허가의 취소나 철회가 허용될 수 있고, 이러한 직권
취소·철회가 가능한 이상 그 의제된 인허가에 대한 쟁송취소 역시 허용된다.
따라서 주택건설사업계획 승인처분에 따라 의제된 인허가가 위법함을 다투고자 하는 이해관계인은, 주택
건설사업계획 승인처분의 취소를 구할 것이 아니라 의제된 인허가의 취소를 구하여야 하며, 의제된 인허가
는 주택건설사업계획 승인처분과 별도로 항고소송의 대상이 되는 처분에 해당한다(대판 2018.11.29. 2016두
38792).

≫ 사례 09

쟁점 : 인허가 의제와 취소심판의 대상

A시장은 甲의 건축허가신청에 대해 「건축법」 제11조 제5항에 따라 「국토의 계획 및 이용에 관한 법률」 제56조에 따른 개발행위허가에 대한 불허가사유와 「농지법」 제34조 따른 농지전용허가에 대한 불허가사유를 이유로 甲의 건축허가신청을 불허가하였다. 이에 甲은 A시장을 피청구인으로 「국토의 계획 및 이용에 관한 법률」 제56조에 따른 개발행위허가에 대한 불허가 사유와 「농지법」 제34조 따른 농지전용허가에 대한 불허가 사유를 대상으로 취소심판을 청구하였다. 이는 허용되는가? (20점)

(※ 「건축법」 제11조 제5항은 건축허가가 된 경우 「국토의 계획 및 이용에 관한 법률」 제56조에 따른 개발행위허가와 「농지법」 제34조 따른 농지전용허가가 의제된 것으로 규정하고 있다.)

Ⅰ 사례의 논점

甲의 취소심판청구는 주된 허가인 건축불허가를 대상으로 하지 않고 건축불허가의 사유인 개발행위불허가 사유와 농지전용불허가 사유를 대상으로 취소심판을 청구하였다는 점에서 허용될 것인지 문제된다.

Ⅱ 취소심판의 대상 여부

1. 행정심판의 대상

행정청의 처분 또는 부작위를 대상으로 한다.

2. 「행정심판법」상 처분

(1) **처분개념**

행정청이 행하는 구체적 사실에 관한 법집행으로서의 공권력의 행사 또는 그 거부, 그 밖에 이에 준하는 행정작용을 처분이라 한다.

(2) **직접적인 법적 효과**

처분은 특정 사안에 법을 집행하여 구체적이고 직접적인 법적 효과에 영향을 주는 행정작용이어야 한다.

Ⅲ 의제되는 인허가불허가 사유로 주된 인허가를 거부한 경우

건축불허가처분을 하면서 그 처분사유로 건축불허가 사유뿐만 아니라 개발행위불허가 사유나 농지전용불허가 사유를 들고 있다고 하여 그 건축불허가처분 외에 별개로 개발행위불허가처분이나 농지전용불허가처분이 존재하는 것이 아니므로 건축불허가처분이 취소심판의 대상이 된다.

Ⅳ 설문의 해결

甲의 개발행위허가에 대한 불허가 사유와 농지전용허가에 대한 불허가 사유를 대상으로 취소심판을 청구하는 것은 허용되지 않는다.

참조 판례

구 건축법 제8조 제1항, 제3항, 제5항에 의하면, 건축허가를 받은 경우에는 구 도시계획법 제4조에 의한 토지의 형질변경허가나 농지법 제36조에 의한 농지전용허가 등을 받은 것으로 보며, 한편 건축허가권자가 건축허가를 하고자 하는 경우 당해 용도·규모 또는 형태의 건축물을 그 건축하고자 하는 대지에 건축하는 것이 건축법 관련 규정이나 같은 도시계획법 제4조, 농지법 제36조 등 관계 법령의 규정에 적합한지의 여부를 검토하여야 하는 것일 뿐, 건축불허가처분을 하면서 그 처분사유로 건축불허가 사유뿐만 아니라 형질변경불허가 사유나 농지전용불허가 사유를 들고 있다고 하여 그 건축불허가처분 외에 별개로 형질변경불허가처분이나 농지전용불허가처분이 존재하는 것이 아니므로, 그 건축불허가처분을 받은 사람은 그 건축불허가처분에 관한 쟁송에서 건축법상의 건축불허가 사유뿐만 아니라 같은 도시계획법상의 형질변경불허가 사유나 농지법상의 농지전용불허가 사유에 관하여도 다툴 수 있는 것이지, 그 건축불허가처분에 관한 쟁송과는 별개로 형질변경불허가처분이나 농지전용불허가처분에 관한 쟁송을 제기하여 이를 다투어야 하는 것은 아니며, 그러한 쟁송을 제기하지 아니하였어도 형질변경불허가 사유나 농지전용불허가 사유에 관하여 불가쟁력이 생기지 아니한다(대판 2001.1.16. 99두10988).

≫ 사례 10

> **쟁점 : 거부처분의 성립요건**
>
> A시장은 甲에 대해 2002. 11. 5. 甲의 주택건설사업계획에 대한 사업계획승인을 하면서 甲으로
> 하여금 A시 소유인 X토지를 유상으로 매입하도록 하는 부관을 부가하였다. 甲은 2003. 7. 24.에
> 위 토지를 무상으로 양도해 달라는 내용으로 위 부관의 변경을 A시장에게 신청하였으며 A시장
> 은 2003. 8. 25. 이를 거절하는 통지를 하였다.
> 甲의 신청에 대한 A시장의 거부는 행정심판의 대상되는 처분인지 설명하시오. (20점)

Ⅰ 사례의 논점

甲의 부관변경신청에 대한 A시장의 거부가 행정심판의 대상인 처분에 해당하는지는 거부처분의 성립요건과 관련해서 문제된다.

Ⅱ 행정심판의 대상

1. 행정심판의 대상

행정청의 처분 또는 부작위를 대상으로 한다.

2. 「행정심판법」상 처분

행정청이 행하는 구체적 사실에 관한 법집행으로서의 공권력의 행사 또는 그 거부, 그 밖에 이에 준하는 행정작용을 처분이라 한다.

Ⅲ 거부처분의 성립요건

1. 성립요건

신청에 대한 거부가 처분이 되기 위해서는 ① 신청한 행위가 공권력의 행사 또는 이에 준하는 행정작용이어야 하고, ② 그 거부행위가 신청인의 법률관계에 어떤 변동을 일으키는 것이어야 하며, ③ 그 국민에게 그 처분을 요구할 법규상 또는 조리상의 신청권이 있어야 한다.

2. 신청권의 존재

(1) 문제소재

거부처분이나 부작위의 성립요건으로서 신청권의 존재를 심판요건으로 볼 것인지, 본안판단의 문제로 볼 것인지 견해대립이 있다.

(2) 학설

1) 본안문제설

신청권을 심판요건으로 보면 「행정심판법」상의 처분개념을 부당하게 제한함으로써 국민의 권익구제의 길이 축소된다는 이유로 본안에서 판단할 문제라는 견해이다.

2) 심판요건설

심판요건설은 거부처분의 성립요건으로 보는 견해와 청구인적격의 문제로 보는 견해로 나누어진다.

(3) 판례

판례는 거부처분의 성립요건으로 보고 있다.

(4) 결론

신청권이 인정되지 않으면 처분의 의무가 성립되지 않으므로 심판요건 중 성립요건으로 보는 것이 타당하다.

3. 신청권 존부의 판단기준

신청권의 존부는 관계 법규의 해석에 의하여 일반 국민에게 그러한 신청권을 인정하고 있는가를 살펴 추상적으로 결정한다.

[IV] 불가쟁력이 발생한 처분

쟁송제기기간이 이미 도과하여 불가쟁력이 생긴 행정처분에 대하여는 특별한 사정이 없는 한 국민에게 그 행정처분의 변경을 구할 신청권이 있다고 할 수 없다.

[V] 설문의 해결

甲의 신청은 심판청구기간 경과로 이미 불가쟁력이 생긴 이 사건 사업계획승인상의 부관에 대해 그 변경을 요구하는 것으로서, 원칙적으로 부관의 변경에 대한 법규상 또는 조리상의 신청권이 인정된다 할 수 없고, A시장의 통지는 행정심판의 대상이 되는 처분으로 볼 수 없다.

>> 사례 11

쟁점 : 거부처분의 성립요건

甲은 A군수로부터 폐기물처리사업계획에 대한 적정통보를 받았다. 그 후 甲은 사업계획에 따른 시설을 갖추기 위해 A군수에게 국토이용계획변경 승인요청을 하였고 A군수는 2022. 4. 24. 관계 법령이 정하는 바에 따라 이 사건 부동산 일대의 토지에 대한 용도지역을 준도시지역(시설용지지구)으로 변경하기 위한 공람공고를 하였다. 그런데 같은 해 2022. 7.경부터 이 사건 부동산 인근에 거주하는 주민들이 폐기물처리시설의 설치를 반대하는 집단민원을 계속적으로 제기하자 A군수는 2023. 1. 15. 원고에게 주민들의 집단민원이 해소되기까지는 국토이용계획변경을 승인할 수 없다는 국토이용계획변경 승인거부처분을 하였다.

A군수의 국토이용계획변경 승인거부는 행정심판의 대상이 되는 처분에 해당하는가? (20점)

Ⅰ 사례의 논점

A군수의 국토이용계획변경 승인거부의 행정심판대상과 관련하여 甲에게 국토이용계획변경을 신청할 신청권이 인정되는지 문제된다.

Ⅱ 행정심판의 대상

1. 행정심판의 대상

행정청의 처분 또는 부작위를 대상으로 한다.

2. 「행정심판법」상 처분

행정청이 행하는 구체적 사실에 관한 법집행으로서의 공권력의 행사 또는 그 거부, 그 밖에 이에 준하는 행정작용을 처분이라 한다.

Ⅲ 거부처분의 성립요건

1. 성립요건

신청에 대한 거부가 처분이 되기 위해서는 ① 신청한 행위가 공권력의 행사 또는 이에 준하는 행정작용이어야 하고, ② 그 거부행위가 신청인의 법률관계에 어떤 변동을 일으키는 것이어야 하며, ③ 그 국민에게 그 처분을 요구할 법규상 또는 조리상의 신청권이 있어야 한다.

2. 신청권의 존재

(1) 문제소재

거부처분이나 부작위의 성립요건으로서 신청권의 존재를 심판요건으로 볼 것인지, 본안판단의 문제로 볼 것인지 견해대립이 있다.

(2) 학설

1) 본안문제설

신청권을 심판요건으로 보면 「행정심판법」상의 처분개념을 부당하게 제한함으로써 국민의 권익구제의 길이 축소된다는 이유로 본안에서 판단할 문제라는 견해이다.

2) 심판요건설

심판요건설은 거부처분의 성립요건으로 보는 견해와 청구인적격의 문제로 보는 견해로 나누어진다.

(3) 판례

판례는 거부처분의 성립요건으로 보고 있다.

(4) 결론

신청권이 인정되지 않으면 처분의 의무가 성립되지 않으므로 심판요건 중 성립요건으로 보는 것이 타당하다.

3. 신청권 존부의 판단기준

신청권의 존부는 관계 법규의 해석에 의하여 일반 국민에게 그러한 신청권을 인정하고 있는가를 살펴 추상적으로 결정한다.

Ⅳ 국토이용계획변경에 대한 신청권

일반적으로 지역주민에게는 국토이용계획변경에 대한 신청권이 인정되지 않지만 甲에게는 국토이용계획변경승인이 거부되는 경우 폐기물처리업허가도 거부되는 것과 동일한 효력이 있으므로 신청권이 인정된다.

Ⅴ 설문의 해결

甲에게는 국토이용계획변경에 대한 신청권이 인정되므로 A군수의 국토이용계획변경 승인거부는 행정심판의 대상이 되는 거부처분에 해당한다.

참조 판례

구 국토이용관리법상 주민이 국토이용계획의 변경에 대하여 신청을 할 수 있다는 규정이 없을 뿐만 아니라, 국토건설종합계획의 효율적인 추진과 국토이용질서를 확립하기 위한 국토이용계획은 장기성, 종합성이 요구되는 행정계획이어서 원칙적으로는 그 계획이 일단 확정된 후에 어떤 사정의 변동이 있다고 하여 그러한 사유만으로는 지역주민이나 일반 이해관계인에게 일일이 그 계획의 변경을 신청할 권리를 인정하여 줄 수는 없을 것이지만, 장래 일정한 기간 내에 관계 법령이 규정하는 시설 등을 갖추어 일정한 행정처분을 구하는 신청을 할 수 있는 법률상 지위에 있는 자의 국토이용계획변경신청을 거부하는 것이 실질적으로 당해 행정처분 자체를 거부하는 결과가 되는 경우에는 예외적으로 그 신청인에게 국토이용계획변경을 신청할 권리가 인정된다고 봄이 상당하므로, 이러한 신청에 대한 거부행위는 항고소송의 대상이 되는 행정처분에 해당한다.

≫ 사례 12

쟁점 : 거부처분의 성립요건

A시장은 2018. 12. 31. A도 ○○시 ○○로 ###에 소재한 ○○자유무역지역 내 '저온물류창고(공장) 및 자가부지 입주기업 1개 업체 선정공고'(이는 '처분'으로 본다)를 하였다. 이에 甲과 乙이 참여신청을 하였고, A시장은 위 기업들에 대한 사업계획서의 심사·평가를 거쳐 2019. 6. 17. 乙을 ○○자유무역지역 저온물류창고(공장) 및 자가부지 우선입주계약대상자로 선정하였다. 甲은 A시장을 피청구인으로 하여 우선선정업체 재심사를 청구하였으나 A시장이 이를 거부한 경우 의무이행심판을 청구할 수 있는가? (심판청구기간은 준수되었다고 본다.) (20점)

I 사례의 논점

甲의 의무이행심판청구가 허용되기 위해서는 A시장의 거부가 의무이행심판의 대상되는 거부처분에 해당하는지 문제된다.

II 의무이행심판의 대상 여부

1. 의무심판의 대상

의무이행심판은 당사자의 신청에 대한 행정청의 위법 또는 부당한 거부처분이나 부작위를 대상으로 한다.

2. 거부처분의 성립요건

(1) 성립요건

신청에 대한 거부가 처분이 되기 위해서는 ① 신청한 행위가 처분이어야 하고, ② 그 거부행위가 신청인의 법률관계에 어떤 변동을 일으키는 것이어야 하며, ③ 그 국민에게 그 처분을 요구할 법규상 또는 조리상의 신청권이 있어야 한다.

(2) 신청권의 존재

1) 문제소재

신청권의 존재를 심판요건으로 볼 것인지, 본안판단의 문제로 볼 것인지 견해대립이 있다.

2) 견해대립

신청권의 존재를 본안문제로 보는 견해와 심판요건으로 보는 견해의 대립이 있다. 심판요건설은 거부처분의 성립요건으로 보는 견해와 청구인적격의 문제로 보는 견해로 나누어진다.

3) 판례

거부처분의 성립요건으로 보고 있다.

4) 소결

신청권이 인정되지 않으면 처분의 의무가 성립되지 않으므로 심판요건 중 성립요건으로 봐야 한다.

III 설문의 해결

甲의 의무이행심판이 허용되기 위해서는 우선선정업체 재심사를 요구할 법규상·조리상의 신청권이 인정되어야 하나 특별한 사정이 없는 이상 처분의 상대방이나 이해관계인에게 처분에 대한 재심사를 요구할 신청권은 인정되지 않으므로 甲의 의무이행심판은 허용되지 않는다.

≫ 사례 13

> **쟁점 : 거부처분의 성립요건**
>
> 주식회사 乙은 토지소유자 甲과 2012. 3. 30. 甲 소유의 토지 및 그 지상 건물을 매도하기로 하는 부동산매매계약을 체결하면서 토지사용승낙서를 작성하였다. 토지사용승낙서에는 "매도인은 계약시 매수인의 요청이 있을 시 매수인의 사업인허가 용도의 토지사용 제공에 동의하며, 토지사용 승낙서가 발급되더라도 본 계약이 해지 또는 무효가 될 경우 토지사용승낙서도 자동으로 무효가 된다."는 내용이 명시되어 있었다.
>
> 이후 乙은 甲 소유의 토지 위에 공동주택을 건설하기 위해 A시장으로부터 건축허가를 받았다. 그러나 乙이 제때 잔금지급을 하지 않아 甲은 매매계약을 해제하였다. 甲은 매매계약은 해제되었고 乙에 대한 토지사용승낙서는 무효가 되었으므로 A시장에게 甲에 대한 건축허가를 철회해 달라는 신청을 하였고 A시장은 건축허가 당시를 기준으로 건축허가는 적법하였다는 이유로 건축허가철회를 거부하였다.
>
> A시장의 건축허가 철회신청의 거부는 취소심판의 대상이 되는 처분에 해당하는가? (20점)

I 사례의 논점

A시장의 건축허가 철회신청의 거부가 취소심판의 대상이 될 것인가와 관련하여 甲에게 건축허가의 철회를 신청할 신청권이 인정되는지 문제된다.

II 행정심판의 대상

1. 행정심판의 대상

행정청의 처분 또는 부작위를 대상으로 한다.

2. 「행정심판법」상 처분

행정청이 행하는 구체적 사실에 관한 법집행으로서의 공권력의 행사 또는 그 거부, 그 밖에 이에 준하는 행정작용을 처분이라 한다.

III 거부처분의 성립요건

1. 성립요건

신청에 대한 거부가 처분이 되기 위해서는 ① 신청한 행위가 공권력의 행사 또는 이에 준하는 행정작용이어야 하고, ② 그 거부행위가 신청인의 법률관계에 어떤 변동을 일으키는 것이어야 하며, ③ 그 국민에게 그 처분을 요구할 법규상 또는 조리상의 신청권이 있어야 한다.

2. 신청권의 존재

(1) 문제소재

거부처분이나 부작위의 성립요건으로서 신청권의 존재를 심판요건으로 볼 것인지, 본안판단의 문제로 볼 것인지 견해대립이 있다.

(2) 학설

1) 본안문제설

신청권을 심판요건으로 보면 「행정심판법」상의 처분개념을 부당하게 제한함으로써 국민의 권익구제의 길이 축소된다는 이유로 본안에서 판단할 문제라는 견해이다.

2) 심판요건설

심판요건설은 거부처분의 성립요건으로 보는 견해와 청구인적격의 문제로 보는 견해로 나누어진다.

(3) 판례

판례는 거부처분의 성립요건으로 보고 있다.

(4) 결론

신청권이 인정되지 않으면 처분의 의무가 성립되지 않으므로 심판요건 중 성립요건으로 보는 것이 타당하다.

3. 신청권 존부의 판단기준

신청권의 존부는 관계 법규의 해석에 의하여 일반 국민에게 그러한 신청권을 인정하고 있는가를 살펴 추상적으로 결정한다.

Ⅳ 건축허가 철회에 대한 신청권

일반적으로 행정처분에 대한 철회신청권이 인정되지 않으나 甲은 건축허가의 존재로 말미암아 토지에 대한 소유권 행사에 지장을 받을 수 있는 토지소유자로 건축허가의 철회를 신청할 수 있다고 보아야 한다.

Ⅴ 설문의 해결

甲에게는 건축허가 철회신청권이 인정되므로 A시장의 거부는 취소심판의 대상이 되는 처분에 해당한다.

참조 판례

건축허가는 대물적 성질을 갖는 것이어서 행정청으로서는 허가를 할 때에 건축주 또는 토지 소유자가 누구인지 등 인적 요소에 관하여는 형식적 심사만 한다. 건축주가 토지 소유자로부터 토지사용승낙서를 받아 그 토지 위에 건축물을 건축하는 대물적(대물적) 성질의 건축허가를 받았다가 착공에 앞서 건축주의 귀책사유로 해당 토지를 사용할 권리를 상실한 경우, 건축허가의 존재로 말미암아 토지에 대한 소유권 행사에 지장을 받을 수 있는 토지 소유자로서는 건축허가의 철회를 신청할 수 있다고 보아야 한다. 따라서 토지 소유자의 위와 같은 신청을 거부한 행위는 항고소송의 대상이 된다(대판 2017.3.15. 2014두41190).

≫ 사례 14

쟁점 : 부작위의 성립요건

A시장은 甲에게 1995. 2. 8. "이 사건 신축공사와 관련 인근 ○○건물에 공사로 인한 피해를 주지 않는 공법 선정을 하고 그에 대해 안전하다는 전문가의 검토의견서 제출 시까지 위 신축공사를 중지하라."는 처분을 하였다. 그 이후 甲은 공신력 있는 구조안전진단기관인 사단법인 한국건설안전기술협회로부터 위 신축건물의 지하층을 지하 3층에서 지하 2층으로, 인근 ○○건물 쪽 흙막이 가시설 시공선을 당초보다 약 10m 정도 현장부지 내측으로 변경하여 굴토작업을 하면 토류가시설에 대한 구조안전은 확보되고 ○○건물의 지반침하에도 영향을 주지 않는다는 안전진단보고서를 제출받아 A시장에게 이를 제출하였고, 그 내용대로 설계를 변경하여 A시장으로부터 건축허가변경을 받았다. 이에 甲이 1995. 3. 25.에 이 사건 공사중지명령의 해제요구를 하였으나 A시장은 1995. 5. 15.까지 아무런 조치를 취하지 않고 있어 행정심판위원회에 A시장을 피청구인으로 하여 공사중지해제명령을 이행하라는 의무이행심판을 청구하였다.
A시장의 甲에 대한 부작위는 의무이행심판의 대상되는 부작위에 해당하는가? (20점)

Ⅰ 사례의 논점

A시장의 부작위가 의무이행심판의 대상이 될 것인가와 관련해서 甲에게 공사중지명령해제를 요구할 신청권이 인정되는지 문제된다.

Ⅱ 행정심판의 대상

1. 행정심판의 대상

행정청의 처분 또는 부작위를 대상으로 한다.

2. 의무이행심판의 대상

당사자의 신청에 대한 행정청의 거부처분이나 부작위를 대상으로 한다.

Ⅲ 부작위의 성립요건

1. 성립요건

① 처분에 대한 신청이 있을 것, ② 상당기간이 경과했을 것, ③ 행정청에 처분을 해야 할 법률상 의무가 있을 것, ④ 처분을 하지 않았을 것(무응답), ⑤ 법규상·조리상 신청권이 있을 것을 요건으로 한다.

2. 법률관계의 변동

행정청의 부작위로 신청인의 실체상의 권리관계에 직접적인 변동 또는 권리를 행사함에 중대한 지장을 초래하여야 한다.

3. 신청권의 존재

(1) 문제소재

거부처분이나 부작위의 성립요건으로서 신청권의 존재를 심판요건으로 볼 것인지, 본안판단의 문제로 볼 것인지 견해대립이 있다.

(2) 학설

1) 본안문제설

신청권을 심판요건으로 보면 「행정심판법」상의 처분개념을 부당하게 제한함으로써 국민의 권익구제의 길이 축소된다는 이유로 본안에서 판단할 문제라는 견해이다.

2) 심판요건설

심판요건설은 거부처분의 성립요건으로 보는 견해와 청구인적격의 문제로 보는 견해로 나누어진다.

(3) 판례

판례는 거부나 부작위의 성립요건으로 보고 있다.

(4) 결론

신청권이 인정되지 않으면 처분의 의무가 성립되지 않으므로 심판요건 중 성립요건으로 보는 것이 타당하다.

4. 신청권 존부의 판단기준

신청권의 존부는 관계 법규의 해석에 의하여 일반 국민에게 그러한 신청권을 인정하고 있는가를 살펴 추상적으로 결정한다.

Ⅳ 공사중지명령해제에 대한 신청권

행정청이 행한 공사중지명령의 상대방은 그 명령 이후에 그 원인사유가 소멸하였음을 들어 행정청에게 공사중지명령의 철회를 요구할 수 있는 조리상의 신청권이 있다.

Ⅴ 설문의 해결

甲에게는 공사중지명령해제를 요구할 신청권이 인정되므로 A시장의 부작위는 의무이행심판의 대상이 된다.

2018년 제6회 행정사 기출

A시는 영농상 편의를 위해 甲의 토지와 인근 토지에 걸쳐서 이미 형성되어 사용되고 있던 자연발생적 토사 구거를 철거하고, 콘크리트U형 수로관으로 된 구거를 설치하는 공사를 완료하였다. 甲은 A시의 공사가 자신의 토지 약 75m^{2}를 침해하였다는 사실을 발견하게 되었다. 이에 甲은 A시에 자신의 토지 약 75m^{2}에 설치되어 있는 구거를 철거하고 자신의 토지 외의 지역에 새로 구거를 설치해달라는 민원을 제기하였다. 다음 물음에 답하시오. (40점)

물음 2) 甲이 민원제기와는 별도로 A시에 대하여 해당 토지에 설치되어 있는 구거의 철거와 새로운 구거의 설치를 요구하는 의무이행심판을 제기하였다면, 甲이 제기한 행정심판의 대상적격과 청구인적격의 적법 여부에 관하여 논하시오. (20점)

1. 사례의 논점

甲의 민원제기와는 별도로 의무이행심판을 청구하는 것이 대상적격과 청구인적격을 구비하였는지 문제된다.

2. 설문의 해결

甲은 민원제기와 별도로 의무이행심판을 청구하였다는 점에서 처분을 신청하지 않았고 처분에 대한 거부나 부작위가 없다는 점에서 대상적격과 청구인적격이 인정되지 않는다.

2024년 제12회 행정사 기출

甲은 자신이 소유한 토지에 주택을 건축하기 위하여 관할 행정청인 구청장 乙에게 토지형질변경허가를 신청하였으나 乙은 이 토지가 지형조건 등에 비추어 주택을 건축하기에 매우 부적합하다는 점을 이유로 허가를 거부하였다. 다음 물음에 답하시오. (40점)

물음 1) 乙의 거부행위가 행정심판의 대상이 되는지 그 요건을 검토하고, 乙의 거부행위에 대한 불복방법으로서 적합한 행정심판의 유형에 관하여 설명하시오. (20점)

1. 사례의 논점

甲의 신청에 대한 구청장 乙의 토지형질변경허가거부가 거부처분의 성립요건을 갖추었는지 성립한다면 청구할 수 있는 행정심판의 유형이 무엇인지 문제된다.

2. 설문의 해결

① 甲은 토지의 소유권자로서 토지형질변경허가를 신청할 신청권이 인정되며 처분에 대한 신청으로 이를 거부당하는 경우 토지소유권행사에 제한을 받게 되므로 거부처분의 대상적격이 인정된다.

② 乙의 거부처분에 대해 인용재결이 있는 경우 재처분의무가 발생하고 재처분의무를 이행하지 않는 경우 간접강제 등의 구제 방안이 있다는 점에서 취소심판, 무효등확인심판, 의무이행심판 모두 적합한 행정심판에 해당한다.

제3절 행정심판의 당사자

≫ **사례 15**

> **쟁점 : 경업자심판**
>
> 甲(○○고속버스회사)은 전주고속터미널과 서울고속터미널을 왕복운행하는 노선면허를 받아 고속형 시외버스운송사업을 하고 있었다. A도지사는 乙(○○고속버스회사)에 대해 서울남부터미널에서 군산터미널을 경유하여 대야까지 왕복하는 직행형 시외버스운송사업을 할 수 있는 사업계획변경인가처분을 하였다. 이에 甲은 고속도로의 노선이 중복되어 영업상 이익이 감소할 것을 우려하여 乙에 대한 A도지사의 사업계획변경인가처분의 취소를 구하는 행정심판을 청구하였다. 甲에게 도지사의 乙에 대한 사업계획변경인가처분의 취소를 구할 청구인적격이 인정되는가? (20점)

Ⅰ 사례의 논점

甲에게 도지사의 乙에 대한 사업계획변경인가처분의 취소를 구할 청구인적격과 관련해서 경업자
심판이 인정될 것인지 문제된다.

Ⅱ 취소심판의 청구인적격

1. 법률상 이익이 있는 자

취소심판은 처분의 취소 또는 변경을 구할 법률상 이익이 있는 자가 청구할 수 있다. 처분의 효과
가 기간의 경과, 처분의 집행, 그 밖의 사유로 소멸된 뒤에도 그 처분의 취소로 회복되는 법률상
이익이 있는 자의 경우에도 또한 같다.

2. 법률상 이익의 의미

(1) 문제소재

법률상 이익의 범위와 관련해서 견해대립이 있다.

(2) 견해대립

1) 법률상 보호이익설

법적으로 보호되는 개인적 이익을 침해당한 자에게만 행정심판의 청구인적격을 인정하는 견
해이다.

2) 보호할 가치 있는 이익설

쟁송법적 관점에서 행정심판에 의해 보호할 만한 가치가 있는 이익이 침해된 자에게는 청구인
적격을 인정하는 견해이다.

(3) 판례

처분의 근거법규 및 관련법규에 의해 보호되는 직접적이고 구체적인 개인적 이익을 법률상 이익
으로 보고 있다.

(4) 결론

행정심판은 법적 이익의 구제수단이고, 「행정심판법」상 법률상 이익으로 규정된 이상 법률상 보
호이익설이 타당하다.

Ⅲ 경업자심판

1. 의의

서로 경쟁적 관계에 있는 동종업자 간에 기존 인·허가 등을 받은 자가 신규 인·허가 등에 대해
행정심판을 제기하는 것을 경업자심판이라 한다.

2. 인정 여부

강학상 허가업의 경우 원칙적으로 경업자소송을 제기할 수 없지만, 인·허가의 요건이 업자 간의 경쟁으로 인한 경영의 불합리를 방지하기 위하여 기존업자의 경영상의 합리화를 보호하고자 하는 경우에는 경업자심판을 인정하는 것이 판례이다.

Ⅳ 설문의 해결

甲은 고속형 시외버스운송사업자로서 자동차운수사업법에 의해 직행형 시외버스운송사업자들은 경업관계에 있는 것으로 봄이 상당하므로 도지사의 乙에 대한 사업계획변경인가처분의 취소를 구할 청구인적격이 인정된다.

> **참조 판례**
>
> 고속형 시외버스운송사업과 직행형 시외버스운송사업은 다 같이 운행계통을 정하고 여객을 운송하는 노선여객자동차운송사업 중 시외버스운송사업에 속하므로, 위 두 운송사업이 사용버스의 종류, 운행거리, 운행구간, 중간정차 여부 등에서 달리 규율된다는 사정만으로 본질적인 차이가 있다고 할 수 없으며, 직행형 시외버스운송사업자에 대한 사업계획변경인가처분으로 인하여 기존의 고속형 시외버스운송사업자의 노선 및 운행계통과 직행형 시외버스운송사업자들의 그것들이 일부 중복되게 되고 기존업자의 수익감소가 예상된다면, 기존의 고속형 시외버스운송사업자와 직행형 시외버스운송사업자들은 경업관계에 있는 것으로 봄이 상당하므로, 기존의 고속형 시외버스운송사업자에게 직행형 시외버스운송사업자에 대한 사업계획변경인가처분의 취소를 구할 법률상의 이익이 있다(대판 2010.11.11. 2010두4179).

≫ 사례 16

쟁점 : 경업자심판

甲은 A시 ○○아파트 정문 건너편에 일반음식점을 운영하면서 A시장으로부터 일반담배소매인으로 지정받아 음식점영업과 함께 담배판매업도 겸하고 있었다. 당시 「담배사업법」에서는 시에서 일반담배소매업으로 지정된 자가 있는 경우 100m 이내에는 신규지정이 제한되어 있다는 것을 알고 다른 음식점보다 경쟁우위에 서있다고 생각하여 매우 흡족한 마음을 가지고 고객을 대하던 중, 가게로부터 30m 정도 떨어진 乙이 신규일반담배소매인지정을 받은 것을 알게 되었다. 甲은 A시장을 상대로 乙에 대한 신규일반담배소매업지정을 취소할 것을 행정심판으로 청구하고자 한다.

甲에게 乙에 대한 신규일반담배소매업지정의 취소를 구할 법률상 이익이 인정되는가? (20점)

Ⅰ 사례의 논점

甲에게 乙에 대한 신규일반담배소매업지정을 취소를 구할 법률상 이익이 있을 것인가와 관련하여 경업자심판이 인정될 수 있는지 문제된다.

Ⅱ 취소심판의 청구인적격

1. 법률상 이익이 있는 자

취소심판은 처분의 취소 또는 변경을 구할 법률상 이익이 있는 자가 청구할 수 있다. 처분의 효과가 기간의 경과, 처분의 집행, 그 밖의 사유로 소멸된 뒤에도 그 처분의 취소로 회복되는 법률상 이익이 있는 자의 경우에도 또한 같다.

2. 법률상 이익의 의미

(1) 문제소재

법률상 이익의 범위와 관련해서 견해대립이 있다.

(2) 견해대립

1) 법률상 보호이익설

법적으로 보호되는 개인적 이익을 침해당한 자에게만 행정심판의 청구인적격을 인정하는 견해이다.

2) 보호할 가치 있는 이익설

쟁송법적 관점에서 행정심판에 의해 보호할 만한 가치가 있는 이익이 침해된 자에게는 청구인적격을 인정하는 견해이다.

(3) 판례

처분의 근거법규 및 관련법규에 의해 보호되는 직접적이고 구체적인 개인적 이익을 법률상 이익으로 보고 있다.

(4) 결론

행정심판은 법적 이익의 구제수단이고, 「행정심판법」상 법률상 이익으로 규정된 이상 법률상 보호이익설이 타당하다.

Ⅲ 경업자심판

1. 의의

서로 경쟁적 관계에 있는 동종업자 간에 기존 인·허가 등을 받은 자가 신규 인·허가 등에 대해 행정심판을 제기하는 것을 경업자심판이라 한다.

2. 인정 여부

강학상 허가업의 경우 원칙적으로 경업자소송을 제기할 수 없지만, 인·허가의 요건이 업자 간의 경쟁으로 인한 경영의 불합리를 방지하기 위하여 기존업자의 경영상의 합리화를 보호하고자 하는 경우에는 경업자심판을 인정하는 것이 판례이다.

Ⅳ 설문의 해결

甲은 담배 일반소매인의 지정기준으로서 일반소매인의 영업소 간 거리제한에 의해 경영상 이익을 보호받고 있으므로 경업자심판이 인정된다.

참조 판례

구 담배사업법과 그 시행령 및 시행규칙의 관계 규정에 의하면, … 소매인의 지정기준으로 같은 일반소매인 사이에서는 그 영업소 간에 군청, 읍·면사무소가 소재하는 리 또는 동지역에서는 50m, 그 외의 지역에서는 100m 이상의 거리를 유지하도록 규정하고 있다.

위와 같은 규정들을 종합해 보면, 담배 일반소매인의 지정기준으로서 일반소매인의 영업소 간에 일정한 거리제한을 두고 있는 것은 담배유통구조의 확립을 통하여 국민의 건강과 관련되고 국가 등의 주요 세원이 되는 담배산업 전반의 건전한 발전 도모 및 국민경제에의 이바지라는 공익목적을 달성하고자 함과 동시에 일반소매인 간의 과당경쟁으로 인한 불합리한 경영을 방지함으로써 일반소매인의 경영상 이익을 보호하는 데에도 그 목적이 있다고 보이므로, 일반소매인으로 지정되어 영업을 하고 있는 기존업자의 신규 일반소매인에 대한 이익은 단순한 사실상의 반사적 이익이 아니라 법률상 보호되는 이익이라고 해석함이 상당하다.

≫ 사례 17

> **쟁점 : 경원자심판**
>
> A시장은 2018. 12. 31. A도 ○○시 ○○로 ###에 소재한 ○○자유무역지역 내 '저온물류창고(공장) 및 자가부지 입주기업 1개 업체 선정공고'(이하 '이 사건 공고'라 한다)를 하였다. 이에 甲과 乙이 참여신청을 하였고, A시장은 위 기업들에 대한 사업계획서의 심사·평가를 거쳐 2019. 6. 17. 乙을 ○○자유무역지역 저온물류창고(공장) 및 자가부지 우선입주계약대상자로 선정하였다. 甲은 A시장을 피청구인으로 하여 乙에 대한 우선선정업체 결정은 위법·부당하다는 이유로 취소심판을 청구할 법률상 이익이 인정되는가? (심판청구기간은 준수되었다고 본다.) (20점)

Ⅰ 사례의 논점

甲이 乙에 대한 우선선정업체결정에 대해 제3자로서 취소심판을 청구한다는 점에서 취소심판을 청구할 법률상 이익이 있는지 문제된다.

Ⅱ 취소심판의 청구인적격

1. 법률상 이익이 있는 자

취소심판은 처분의 취소 또는 변경을 구할 법률상 이익이 있는 자가 청구할 수 있다. 처분의 효과가 기간의 경과, 처분의 집행, 그 밖의 사유로 소멸된 뒤에도 그 처분의 취소로 회복되는 법률상 이익이 있는 자의 경우에도 또한 같다.

2. 법률상 이익의 의미

(1) 문제소재

법률상 이익의 범위와 관련해서 견해대립이 있다.

(2) 견해대립

1) 법률상 보호이익설

법적으로 보호되는 개인적 이익을 침해당한 자에게만 행정심판의 청구인적격을 인정하는 견해이다.

2) 보호할 가치 있는 이익설

쟁송법적 관점에서 행정심판에 의해 보호할 만한 가치가 있는 이익이 침해된 자에게는 청구인적격을 인정하는 견해이다.

3) 판례

처분의 근거법규 및 관련법규에 의해 보호되는 직접적이고 구체적인 개인적 이익을 법률상 이익으로 보고 있다.

4) 소결

「행정심판법」이 법률상 이익으로 규정한 이상 법률상 보호이익설이 타당하다.

Ⅲ 경원자심판

1. 의의

인·허가 등의 수익적 행정처분을 신청한 수인이 서로 경쟁관계에 있어서 일방에 대한 허가 등의 처분이 타방에 대한 불허가 등으로 귀결될 수밖에 없는 때에 허가를 받지 못한 자가 제기하는 심판을 경원자심판이라 한다.

2. 인정 여부

경원자관계에 있는 자는 원칙적으로 타인에 대한 허가처분의 취소를 구할 수도 있고 자신에 대한 불허가처분의 취소를 구할 수 있다. 다만, 처음부터 명백한 법적 장애로 신청이 인용될 가능성이 배제되는 경우 법률상 이익이 인정되지 않는다.

Ⅳ 설문의 해결

A시장은 우선입주계약대상자로 甲과 경원자관계에 있는 乙을 선정하였으므로 甲은 처분의 직접 상대방은 아니라 하더라도 乙에 대한 우선선정업체결정의 취소를 구할 법률상 이익이 있다.

≫ 사례 18

쟁점 : 인인심판

종교단체인 乙은 사설납골당을 운영하기 위하여 A시장에게 납골당설치신고를 하였다. 이에 A시장은 납골당설치신고대로 설치이행을 하라고 乙에게 통지하였다. 이에 대해 납골당설치장소에서 500m 이내에 20호 이상의 인가가 밀접한 동네의 주민들은 납골당설치는 거리제한 규정을 위반한 것으로 위법하다는 이유로 납골당설치신고 수리를 취소하라는 심판을 청구하였다.

동네 주민들은 A시장의 납골당설치신고 수리에 대한 취소심판을 청구할 법률상 이익이 인정되는가? (20점)

Ⅰ 사례의 논점

동네 주민들의 행정심판의 청구인적격이 인정되기 위해서 A시장의 납골당설치신고의 취소를 구할 법률상 이익이 있는지 문제된다.

Ⅱ 취소심판의 청구인적격

1. 법률상 이익이 있는 자

취소심판은 처분의 취소 또는 변경을 구할 법률상 이익이 있는 자가 청구할 수 있다. 처분의 효과가 기간의 경과, 처분의 집행, 그 밖의 사유로 소멸된 뒤에도 그 처분의 취소로 회복되는 법률상 이익이 있는 자의 경우에도 또한 같다.

2. 법률상 이익의 의미

(1) 문제소재

법률상 이익의 범위와 관련해서 견해대립이 있다.

(2) 견해대립

1) 법률상 보호이익설

법적으로 보호되는 개인적 이익을 침해당한 자에게만 행정심판의 청구인적격을 인정하는 견해이다.

2) 보호할 가치 있는 이익설

쟁송법적 관점에서 행정심판에 의해 보호할 만한 가치가 있는 이익이 침해된 자에게는 청구인적격을 인정하는 견해이다.

(3) 판례

처분의 근거법규 및 관련법규에 의해 보호되는 직접적이고 구체적인 개인적 이익을 법률상 이익으로 보고 있다.

(4) 결론

행정심판은 법적 이익의 구제수단이고, 「행정심판법」상 법률상 이익으로 규정된 이상 법률상 보호이익설이 타당하다.

Ⅲ 인인심판

1. 의의

특정인에 대한 수익적 처분에 대해 이웃하는 주민들이 제기하는 행정심판을 인인심판이라 한다.

2. 인정 여부

일반적으로 지역주민이라는 이유만으로는 인인심판을 인정하지 않지만 수익적 처분을 규제하는 근거법에 의해 일정한 사익이 직접적 보호되는 경우 청구인적격이 인정된다.

Ⅳ 설문의 해결

납골시설설치장소로부터 500m 내에 20호 이상의 인가가 밀집한 지역에 거주하는 주민들은 납골당설치에 대하여 환경상 이익의 침해를 받거나 받을 우려가 있는 것으로 사실상 추정되므로 거리제한을 위반한 A시장의 납골당설치신고 수리의 취소를 구할 청구인적격이 인정된다.

참조 판례

구 장사 등에 관한 법률 제14조 제3항, 구 장사 등에 관한 법률 시행령) 제13조 제1항 [별표 3]에서 납골묘, 납골탑, 가족 또는 종중·문중 납골당 등 사설납골시설의 설치장소에 제한을 둔 것은, 이러한 사설납골시설을 인가가 밀집한 지역 인근에 설치하지 못하게 함으로써 주민들의 쾌적한 주거, 경관, 보건위생 등 생활환경상의 개별적 이익을 직접적·구체적으로 보호하려는 데 취지가 있으므로, 이러한 납골시설 설치장소에서 500m 내에 20호 이상의 인가가 밀집한 지역에 거주하는 주민들은 납골당 설치에 대하여 환경상 이익 침해를 받거나 받을 우려가 있는 것으로 사실상 추정된다(대판 2011.9.8. 2009두6766).

≫ 사례 19

쟁점 : 인인심판

甲은 2010. 6. 실시된 지방선거에서부터 2018. 6. 실시된 지방선거에서까지 세 차례 연속하여 A시의 시장으로 당선되어 2022. 6.까지 12년간 연임하게 되었다.

한편, 甲의 후원회 회장은 자신이 운영하는 주유소 확장 공사를 위하여 보도의 상당 부분을 점하는 도로점용허가를 신청하였고, 甲은 이를 허가하였다. A시의 주민 丙은 甲이 도로 본래의 기능과 목적을 침해하는 과도한 범위의 도로점용을 허가하였다고 주장하며, 이 도로점용허가에 대하여 다투고자 한다.

丙은 이 사건 허가에 대하여 취소심판을 제기하고자 한다. 丙의 청구인적격을 검토하시오. (20점)

Ⅰ 사례의 논점

A시의 주민 丙이 甲의 도로점용허가에 대해 취소심판을 청구할 법률상 이익이 인정되는지 문제된다.

Ⅱ 취소심판의 청구인적격

1. 법률상 이익이 있는 자

취소심판은 처분의 취소 또는 변경을 구할 법률상 이익이 있는 자가 청구할 수 있다. 처분의 효과가 기간의 경과, 처분의 집행, 그 밖의 사유로 소멸된 뒤에도 그 처분의 취소로 회복되는 법률상 이익이 있는 자의 경우에도 또한 같다.

2. 법률상 이익의 의미

(1) 학설

1) 법률상 보호이익설

법적으로 보호되는 개인적 이익을 침해당한 자에게만 행정심판의 청구인적격을 인정하는 견해이다.

2) 보호할 가치 있는 이익설

쟁송법적 관점에서 행정심판에 의해 보호할 만한 가치가 있는 이익이 침해된 자에게는 청구인적격을 인정하는 견해이다.

(2) 판례

처분의 근거법규 및 관련법규에 의해 보호되는 직접적이고 구체적인 개인적 이익을 법률상 이익으로 보고 있다.

(3) 결론

행정심판은 법적 이익의 구제수단이므로 법률상 보호이익설이 타당하다.

Ⅲ 설문의 해결

丙은 A시의 주민으로 도로를 일반적으로 이용하는 자에 해당하고 도로의 일반사용에 기해서는 도로의 점용허가를 다툴 수 있는 법률상 이익이 없다는 점에서 甲의 도로점용허가의 취소를 구할 청구인적격이 인정되지 않는다.

≫ 사례 20

쟁점 : 심판청구의 이익

甲은 100% 국내산 유기농재료를 사용하여 미백과 주름방지에 특효가 있는 기능성 상품을 개발하였다고 광고하여 판매를 해왔고, 나아가 본 제품을 'OO로션'이라는 상표로 등록까지 마쳤다. 식품의약품안전처장 乙은 甲이 외국산 수입재료를 국내산 유기농재료로 속여 상품을 판매하였다는 이유로 1월의 영업정지처분을 하였다. 한편 「식품위생법 시행규칙」의 처분기준에는 위반횟수에 따라 가중제재처분을 할 수 있도록 규정되어 있고, 甲은 1월의 영업정지처분의 기간이 경과한 후 이를 계속 판매해 오다 재차 단속에 걸렸다.

甲은 이미 기간이 경과한 1월의 영업정지처분에 대해 취소심판을 청구할 법률상 이익이 인정되는가? (20점)

Ⅰ 사례의 논점

甲에 대한 1월의 영업정지처분은 이미 기간이 경과하여 효력이 소멸되었다는 점에서 취소심판을 청구할 수 있는지 문제된다.

Ⅱ 취소심판의 청구인적격

1. 법률상 이익이 있는 자

취소심판은 처분의 취소 또는 변경을 구할 법률상 이익이 있는 자가 청구할 수 있다. 처분의 효과가 기간의 경과, 처분의 집행, 그 밖의 사유로 소멸된 뒤에도 그 처분의 취소로 회복되는 법률상 이익이 있는 자의 경우에도 또한 같다.

2. 법률상 이익의 의미

(1) **학설**

1) 법률상 보호이익설

법적으로 보호되는 개인적 이익을 침해당한 자에게만 행정심판의 청구인적격을 인정하는 견해이다.

2) 보호할 가치 있는 이익설

쟁송법적 관점에서 행정심판에 의해 보호할 만한 가치가 있는 이익이 침해된 자에게는 청구인적격을 인정하는 견해이다.

(2) **판례**

처분의 근거법규 및 관련법규에 의해 보호되는 직접적이고 구체적인 개인적 이익을 법률상 이익으로 보고 있다.

(3) **결론**

행정심판은 법적 이익의 구제수단이므로 법률상 보호이익설이 타당하다.

Ⅲ 제재처분의 기간이 경과한 경우 법률상 이익

1. 회복되는 법률상 이익의 의미

(1) **학설**

심판청구인적격의 법률상 이익과 동일하다는 견해와 법률상 이익보다 넓게 파악하여 명예·신용 등 인격적 이익까지 포함한다는 견해의 대립이 있다.

(2) **판례**

원칙적으로 법률상 이익과 동일하게 보지만 사안에 따라 장래 불이익처분을 받을 위험성 제거 및 명예·신용 등 인격적 이익을 고려한 경우도 있다.

(3) **결론**

국민의 권리구제확대라는 측면에서 판례의 입장이 타당하다.

2. 기간이 경과한 제재처분의 경우

제재처분의 기간이 경과한 경우 원칙적으로 제재처분의 취소를 구할 법률상 이익이 인정되지 않지만, 가중제재처분의 위험이 구제적이고 현실적이라면 1월의 영업정지처분의 취소를 구할 법률상 이익이 인정된다.

Ⅳ 설문의 해결

甲은 재차 단속에 걸려 가중제재의 현실적 위험이 있으므로 기간이 경과한 영업정지처분의 취소를 구할 법률상 이익이 인정된다.

≫ 사례 21

쟁점 : 심판청구의 이익

甲은 평택시 ○○동 산(이하 지번 1 생략) 임야 38,480m²와 그 지상에 건물을를 소유하고 있던 중 ○○지방국토관리청장이 평택-이동 간 도로확장공사를 위해 토지수용에 대한 협의가 이루어지지 않아 ○○지방토지수용위원회로부터 수용재결과 보상금 2,935,865,000원을 지급한다는 통지를 받았다. 이에 甲은 이 사건 토지가 지적불부합지로서 토지 자체의 특정이 어려워 토지수용 자체가 불가능하다는 이유로 이 사건 토지를 수용한 위 피고의 수용재결은 위법하다는 이의신청을 중앙토지수용위원에 제기하였다. 甲이 ○○지방토지수용위원회의 수용재결에 대해 중앙토지수용위원회에 이의신청을 거치지 않고 중앙행정심판위원회에 취소심판을 청구하여 다투던 중 도로확장공사가 완료된 경우 이 취소심판은 법률상 이익이 인정되는가? (20점)

Ⅰ 사례의 논점

○○지방토지수용위원회의 수용재결은 침익적 처분이므로 甲에게는 이에 대해 행정심판을 청구할 청구인적격이 인정되지만, 도로확장공사가 완료된 경우이므로 회복되는 법률상 이익이 인정될 것인지 문제된다.

Ⅱ 취소심판의 청구인적격

1. 법률상 이익이 있는 자

취소심판은 처분의 취소 또는 변경을 구할 법률상 이익이 있는 자가 청구할 수 있다. 처분의 효과가 기간의 경과, 처분의 집행, 그 밖의 사유로 소멸된 뒤에도 그 처분의 취소로 회복되는 법률상 이익이 있는 자의 경우에도 또한 같다.

2. 법률상 이익의 의미

(1) 학설

법적으로 보호되는 개인적 이익을 침해당한 자에게만 행정심판의 청구인적격을 인정하는 법률상 보호이익설과 쟁송법적 관점에서 행정심판에 의해 보호할 만한 가치가 있는 이익이 침해된 자에게는 청구인적격을 인정하는 보호가치 있는 이익설의 견해대립이 있다.

(2) 판례

처분의 근거법규 및 관련법규에 의해 보호되는 직접적이고 구체적인 개인적 이익을 법률상 이익으로 보고 있다.

(3) 결론

행정심판은 법적 이익의 구제수단이므로 법률상 보호이익설이 타당하다.

Ⅲ 회복되는 법률상 이익의 의미

(1) 학설

심판청구인적격의 법률상 이익과 동일하다는 견해와 법률상 이익보다 넓게 파악하여 명예·신용 등 인격적 이익까지 포함한다는 견해의 대립이 있다.

(2) 판례

원칙적으로 법률상 이익과 동일하게 보지만 사안에 따라 장래 불이익처분을 받을 위험성제거 및 명예·신용 등 인격적 이익을 고려한 경우도 있다.

(3) 결론

국민의 권리구제확대라는 측면에서 판례의 입장이 타당하다.

Ⅳ 설문의 해결

甲의 ○○지방토지수용위원회의 수용재결에 대한 이의신청이 진행되는 동안에 도로공사가 완료된 경우 수용재결을 취소하더라도 원상회복은 불가능하게 되므로 중앙토지수용위원회에 대한 이의신청은 법률상 이익이 인정되지 않는다.

≫ 사례 22

> **쟁점 : 행정심판의 피청구인적격**
>
> 甲은 국유재산인 '대전광역시 서구 A동 3**−1번지' 중 419m²를 2018. 2. 10.부터 2022. 12. 31.까지 무단으로 점유·사용하였다는 이유로 국가철도공단의 B본부장으로부터 2023. 2. 8. 1억 4,863만 6,740원의 변상금을 부과받았다. 甲은 이에 대해 국가철도공단의 B본부장은 권한의 내부위임을 받은 자에 불과하므로 B본부장 명의의 처분은 무효라고 주장하면서 국가철도공단을 피청구인으로 하여 위 변상금부과처분의 무효확인심판을 청구하였으나, 행정심판위원회는 피청구인은 실제 처분을 한 B본부장을 피청구인으로 하여야 하며 국가철도공단을 피청구인으로 한 취소심판은 부적법하다고 하여 각하재결을 하였다.
> 행정심판위원회의 각하재결은 위법하다고 볼 수 있는가? (20점)

Ⅰ 사례의 논점

甲이 피청구인을 잘못 지정한 경우 행정심판위원회가 직권으로 이를 경정하거나 보정하도록 하지 않고 각하를 한 것이 재결에 위법으로 봐야 하는지 문제된다.

Ⅱ 「행정심판법」상 피청구인의 적격

1. 피청구인의 적격

행정심판은 처분을 한 행정청을 피청구인으로 하여 청구하여야 한다. 다만, 심판청구의 대상과 관계되는 권한이 다른 행정청에 승계된 경우에는 권한을 승계한 행정청을 피청구인으로 하여야 한다.

2. 처분을 한 행정청

처분을 한 행정청이란 실제로 그의 이름으로 처분을 한 행정기관을 말한다. 정당한 권한을 가진 행정청인지 여부는 불문한다.

3. 권한의 내부위임의 경우

상급행정청으로부터 내부위임을 받은 데 불과한 하급행정청이 권한 없이 행정처분을 한 경우에도 실제로 그 처분을 행한 하급행정청을 피청구인으로 하여야 한다.

Ⅲ 피청구인의 경정

1. 피청구인을 잘못 지정한 경우

청구인이 피청구인을 잘못 지정한 경우에는 위원회는 직권으로 또는 당사자의 신청에 의하여 결정으로써 피청구인을 경정(更正)할 수 있다.

2. 권한이 승계된 경우

위원회는 행정심판이 청구된 후에 심판청구의 대상과 관계되는 권한이 다른 행정청에 승계된 경우에는 직권으로 또는 당사자의 신청에 의하여 결정으로써 피청구인을 경정한다.

3. 위원회 직권에 의한 피청구인 경정

청구인이 피청구인을 잘못 지정한 경우 위원회의 직권에 의한 경정은 위원회의 임의적 결정사항이고 필요적으로 경정을 해야 할 사항은 아니다.

Ⅳ 설문의 해결

위원회가 피청구인을 직권에 의하여 경정하지 아니하고 행정심판청구를 각하하였다 하여 그 재결절차에 위법이 있다 할 수 없다.

제4절 행정심판의 청구기간

≫ 사례 23

쟁점 : 심판청구기간

서울특별시 강남구청장 A는 2022. 6. 29. 강남구 토지에 대한 개별토지가격을 공고하였고, 강남구에 토지를 소유하고 있던 甲은 이를 열람한 뒤 공시지가가 터무니 없이 높게 산정되었다고 생각하여 2022. 11. 6. 서울특별시 행정심판위원회에 취소심판을 청구하였다. 이에 서울특별시 행정심판위원회는 공고에 의한 처분의 경우 처분이 있음을 안 날은 처분의 효력이 발생한 날로부터 일률적으로 알았다고 보아야 하므로 甲의 심판청구는 처분이 있음을 안 날로부터 90일이 경과하여 부적법하다고 보고 이를 각하재결을 하였다.

행정심판위원회의 각하재결은 정당한가? (20점)

Ⅰ 사례의 논점

구청장 A의 개별토지가격결정이 공고에 의해 효력이 발생하지만 특정인에 대한 처분이라는 점에서 행정심판위원회의 각하재결이 정당한지 문제된다.

Ⅱ 취소심판의 청구기간

1. 원칙

① 행정심판은 처분이 있음을 알게 된 날부터 90일 이내에 청구하여야 한다.
② 행정심판은 처분이 있었던 날부터 180일이 지나면 청구하지 못한다. 다만, 정당한 사유가 있는 경우에는 그러하지 아니하다.

2. 알게 된 날의 의미

(1) 특정인에 대한 처분

당해 처분이 있었다는 사실을 현실적으로 안 날을 의미한다.

(2) 불특정 다수인에 대한 처분

일률적 고시 또는 공고가 효력을 발생하는 날을 의미한다.

3. 심판청구기간의 고지의무위반

(1) 오고지

행정청이 심판청구기간을 처분이 있음을 알게 된 날부터 90일보다 긴 기간으로 잘못 알린 경우 그 잘못 알린 기간에 심판청구가 있으면 기간 내에 청구된 것으로 본다.

(2) 불고지

행정청이 심판청구기간을 알리지 아니한 경우에는 처분이 있었던 날부터 180일 이내에 심판청구를 할 수 있다.

Ⅲ 개별토지가격결정에 대한 심판청구기간

1. 원칙

개별토지가격결정처분의 효력은 각각의 토지소유자에 대하여 개별적으로 효력을 발생하는 것이므로 행정심판의 청구기간은 처분의 상대방이 실제로 처분이 있음을 안 날로부터 기산하여야 한다.

2. 개별적 고지하지 않은 경우

개별토지가격결정에 대해 별도의 고지절차를 취하지 않은 이상 처분이 있은 날로부터 180일 이내에 이를 제기하면 된다.

Ⅳ 설문의 해결

개별토지가격결정이 甲에게 고지되었다고 보이지 않으므로 甲은 개별토지가격결정이 공고되어 효력이 발생한 날로부터 180일 이내에 심판을 청구할 수 있다. 행정심판위원회의 각하재결은 위법하다.

참조 판례

개별토지가격결정에 있어서는 그 처분의 고지방법에 있어 개별토지가격합동조사지침의 규정에 의하여 행정편의상 일단의 각 개별토지에 대한 가격결정을 일괄하여 읍·면·동의 게시판에 공고하는 것일 뿐 그 처분의 효력은 각각의 토지 또는 각각의 소유자에 대하여 각별로 효력을 발생하는 것이므로 개별토지가격결정의 공고는 공고일로부터 그 효력을 발생하지만 처분 상대방인 토지소유자 및 이해관계인이 공고일에 개별토지가격결정처분이 있음을 알았다고까지 의제할 수는 없어 결국 개별토지가격결정에 대한 재조사 또는 행정심판의 청구기간은 처분 상대방이 실제로 처분이 있음을 안 날로부터 기산하여야 할 것이나, 시장, 군수 또는 구청장이 개별토지가격결정을 처분 상대방에 대하여 별도의 고지절차를 취하지 않는 이상 토지소유자 및 이해관계인이 위 처분이 있음을 알았다고 볼 경우는 그리 흔치 않을 것이므로, 특별히 위 처분을 알았다고 볼만한 사정이 없는 한 개별토지가격결정에 대한 재조사청구 또는 행정심판청구는 행정심판법 제18조 제3항 소정의 처분이 있은 날로부터 180일 이내에 이를 제기하면 된다(대판 1993.12.24. 92누17204).

≫ 사례 24

쟁점 : 심판청구기간

청소년보호위원회는 2000. 9. 27. 甲이 운영하는 인터넷웹사이트를 청소년유해매체물로 결정하고 이를 고시하였다. 고시는 고시일로부터 효력을 발생한다고 효력발생시기가 명기되어 있다. 甲은 2000. 12.경 연말임에도 인터넷웹사이트 이용자가 현저히 감소하는 것을 알았고 이는 방송통신위원회의 청소년유해매체물로 결정고시에 의하여 여러 관련업체로부터 청소년 접촉금지조치에 의한 것임을 알게 되었다. 이에 甲은 사전에 의견제출기회 등을 주지 않았을 뿐 아니라 자신이 운영하는 인터넷웹사이트가 청소년유해매체물로 결정되었다는 통지도 받지 못했다고 주장하면서 2001. 2. 1. 중앙행정심판위원회에 취소심판을 청구하였다. 중앙행정심판위원회는 심판청구기간을 경과하였다고 하여 이를 각하하였다.
중앙행정심판위원회의 각하결정은 정당한가? (20점)

Ⅰ 사례의 논점

甲의 취소심판청구가 청구기간을 경과했는지 문제된다.

Ⅱ 취소심판의 청구기간

1. 원칙

① 행정심판은 처분이 있음을 알게 된 날부터 90일 이내에 청구하여야 한다.
② 행정심판은 처분이 있었던 날부터 180일이 지나면 청구하지 못한다. 다만, 정당한 사유가 있는 경우에는 그러하지 아니하다.

2. 알게 된 날의 의미

(1) 특정인에 대한 처분

당해 처분이 있었다는 사실을 현실적으로 안 날을 의미한다.

(2) 불특정 다수인에 대한 처분

일률적 고시 또는 공고가 효력을 발생하는 날을 의미한다.

3. 심판청구기간의 고지의무위반

(1) 오고지

행정청이 심판청구기간을 처분이 있음을 알게 된 날부터 90일보다 긴 기간으로 잘못 알린 경우 그 잘못 알린 기간에 심판청구가 있으면 기간 내에 청구된 것으로 본다.

(2) 불고지

행정청이 심판청구기간을 알리지 아니한 경우에는 처분이 있었던 날부터 180일 이내에 심판청구를 할 수 있다.

Ⅲ 청소년유해매체물 결정고시에 대한 심판청구기간

1. 청소년유해매체물 결정고시의 법적 성격

청소년유해매체물 결정 및 고시처분은 일반 불특정 다수인을 상대방으로 하여 일률적으로 금지의무 등 각종 의무를 발생시키는 행정처분이다.

2. 일반처분의 심판청구기간

불특정 다수인을 대상으로 하는 일반처분은 이해관계를 갖는 자가 고시 또는 공고가 있었다는 사실을 현실적으로 알았는지 여부에 관계없이 고시가 효력을 발생하는 날 행정처분이 있음을 알았다고 보아야 한다.

Ⅳ 설문의 해결

청소년유해매체물 결정 및 고시처분은 甲이 고시 또는 공고가 있었다는 사실을 현실적으로 알았는지 여부에 관계없이 관보에 고시됨으로써 일률적으로 효력이 발생하므로 甲이 이를 통지받지 못하였다고 하더라도 심판청구기간이 경과한 이상 행정심판위원회의 각하재결은 정당하다.

참조 판례

통상 고시 또는 공고에 의하여 행정처분을 하는 경우에는 그 처분의 상대방이 불특정 다수인이고, 그 처분의 효력이 불특정 다수인에게 일률적으로 적용되는 것이므로, 그 행정처분에 이해관계를 갖는 자는 고시 또는 공고가 있었다는 사실을 현실적으로 알았는지 여부에 관계없이 고시가 효력을 발생하는 날에 행정처분이 있음을 알았다고 보아야 하고, 따라서 그에 대한 취소소송은 그 날로부터 90일 이내에 제기하여야 한다(대판 2006.4.14. 2004두3847 판결).

≫ 사례 25

쟁점 : 심판청구기간

공무원연금관리공단은 2022. 6. 29. 甲의 장해등급을 제5급 제3호로 결정하고, 그 무렵 공무원
연금관리공단의 인터넷 홈페이지에 그 결정 내용을 게시하였다. 甲은 2022. 7. 17. 공무원연금관
리공단의 인터넷 홈페이지에 접속하여 이 사실을 알게 되었다. 甲은 2023. 4. 4. 공무원연금급여
재심위원회에 이 사건 처분에 대한 심사청구를 하였다. 甲은 심사청구서에 2022. 7. 17.에 처분
이 있음을 안 날로 기재하였고 처분서를 송달받지 못했다고 주장하였지만, 공무원연금급여 재심
위원회는 2023. 6. 21. 이 사건 심사청구가 구 「공무원연금법」 제80조 제2항 본문 후단에서 심사
청구기간의 기산일로 정한 '급여에 관한 결정이 있음을 안 날로부터 90일'이 도과한 후에 이루어
졌다는 이유로 '각하' 결정을 하였다.
재심위원회의 각하결정은 정당한가? (20점)

Ⅰ 사례의 논점

甲의 취소심판청구가 청구기간을 경과했는지 문제된다.

Ⅱ 취소심판의 청구기간

1. 원칙

① 행정심판은 처분이 있음을 알게 된 날부터 90일 이내에 청구하여야 한다.

② 행정심판은 처분이 있었던 날부터 180일이 지나면 청구하지 못한다. 다만, 정당한 사유가 있는 경우에는 그러하지 아니하다.

2. 알게 된 날의 의미

(1) 특정인에 대한 처분

당해 처분이 있었다는 사실을 현실적으로 안 날을 의미한다.

(2) 불특정 다수인에 대한 처분

일률적 고시 또는 공고가 효력을 발생하는 날을 의미한다.

3. 심판청구기간의 고지의무위반

(1) 오고지

행정청이 심판청구기간을 처분이 있음을 알게 된 날부터 90일보다 긴 기간으로 잘못 알린 경우 그 잘못 알린 기간에 심판청구가 있으면 기간 내에 청구된 것으로 본다.

(2) 불고지

행정청이 심판청구기간을 알리지 아니한 경우에는 처분이 있었던 날부터 180일 이내에 심판청구를 할 수 있다.

Ⅲ 상대방 있는 처분의 효력발생

1. 처분의 상대방에게 송달이 없는 경우

상대방 있는 행정처분이 상대방에게 송달이나 고지되지 않은 경우 상대방이 다른 경로를 통해 행정처분의 내용을 알게 된 경우에도 행정처분의 효력이 발생하지 않는다.

2. 심사청구기간의 진행 여부

처분이 상대방에게 고지되지 않아 행정처분의 효력이 발생하지 않은 이상 심사청구기간이 진행한다고 볼 수 없다.

Ⅳ 설문의 해결

甲이 공무원연금관리공단의 인터넷 홈페이지에 접속하여 등급결정의 내용을 알게 되었다고 하더라도 甲에게 송달되거나 고지되어 효력이 발생하지 않은 이상 심사청구기간은 진행한다고 볼 수 없고, 따라서 재심위원회의 각하결정은 정당하지 않다.

≫ 사례 26

> **쟁점 : 심판대상과 심판청구기간**
>
> 공정거래위원회는 2011. 6. 9. 甲과 학교법인 ○○학원, △△△△ 주식회사가 부당한 공동행위를 하였다는 이유로「공정거래법」에 따라 과징금 납부명령(이하 '제1처분')을 하였다가, 2011. 7. 18. 甲이 2순위 조사협조자라는 이유로 당초 과징금을 50% 감액하는 처분(이하 '제2처분')을 통지하였다. 2011. 10. 1 甲은 제1처분과 제2처분을 취소하라는 행정심판을 청구하였다. 이 사안에서 행정심판의 대상이 되는 처분은 어떤 처분인지와 심판청구기간은 준수되었는지에 대하여 서술하시오.
>
> (20점)

Ⅰ 사례의 논점

공정거래위원회의 과징금 납부명령(제1처분)과 이후 감액처분(제2처분) 중 심판대상은 무엇으로 하여야 하는지와 이 경우 2011. 10. 1. 청구한 심판청구가 청구기간을 도과한 것이 아닌지 문제된다.

Ⅱ 취소심판의 대상 여부

1. 행정심판의 대상

행정청의 처분 또는 부작위를 대상으로 한다.

2. 「행정심판법」상 처분

(1) **처분개념**

행정청이 행하는 구체적 사실에 관한 법집행으로서의 공권력의 행사 또는 그 거부, 그 밖에 이에 준하는 행정작용을 처분이라 한다.

(2) **직접적인 법적 효과**

처분은 특정 사안에 법을 집행하여 구체적이고 직접적인 법적 효과에 영향을 주는 행정작용이어야 한다.

3. 심판재결

심판청구에 대한 재결이 있는 경우에는 당해 재결 및 동일한 처분 또는 부작위에 대하여 다시 심판청구를 제기할 수 없다.

Ⅲ 취소심판의 청구기간

1. 원칙

① 취소심판은 처분이 있음을 안 날로부터 90일 이내에 청구하여야 한다.
② 행정심판은 처분이 있었던 날부터 180일이 지나면 청구하지 못한다. 다만, 정당한 사유가 있는 경우에는 그러하지 아니하다.

2. 처분이 있음을 안 경우

(1) **특정인에 대한 처분**

① 처분이 있음을 안 날이란 당해 처분이 있었다는 사실을 현실적으로 안 날을 의미하고, 추상적으로 알 수 있었던 날을 의미하는 것이 아니다.
② 처분을 서면으로 하는 경우 그 서면이 상대방에게 도달한 날에, 공시송달의 경우에는 서면이 도달한 것으로 간주되는 날에 처분이 있음을 알았다고 본다.

(2) 불특정 다수인에 대한 처분

불특정 다수인에 대한 처분을 고시 또는 공고에 의하는 경우 고시 또는 공고가 있었다는 사실을 현실적으로 알았는지 여부에 관계없이 일률적으로 고시가 효력을 발생하는 날에 알았다고 보는 것이 판례이다.

(3) 처분이 있음을 알지 못한 경우

처분이 있음을 알지 못한 경우 처분이 있었던 날부터 180일 이내에 청구하면 된다. 정당한 사유가 있는 경우 예외를 인정한다.

Ⅳ 설문의 해결

① 공정거래위원회의 2011. 6. 9. 甲에 대한 과징금 납부명령('제1처분')은 잠정적 처분에 해당하고, 2011. 7. 18. 甲이 2순위 조사협조자라는 이유로 당초 과징금을 50% 감액하는 처분('제2처분')이 최종적 처분이 되므로 행정심판에 해당하는 처분은 제2처분만 행정심판의 대상이 된다. 제1처분은 행정심판의 대상이 되지 않는다.

② 2011. 10. 1. 甲의 취소심판청구는 2011. 7. 18.로부터 90일 이내에 청구된 것이므로 심판청구기간을 준수한 것으로 봐야 한다.

참조 판례

공정거래위원회가 부당한 공동행위를 행한 사업자로서 구 독점규제 및 공정거래에 관한 법률 제22조의2에서 정한 자진신고자나 조사협조자에 대하여 과징금 부과처분을 한 뒤, 독점규제 및 공정거래에 관한 법률 시행령 제35조 제3항에 따라 다시 자진신고자 등에 대한 사건을 분리하여 자진신고 등을 이유로 한 과징금 감면처분을 하였다면, 후행처분은 자진신고 감면까지 포함하여 처분 상대방이 실제로 납부하여야 할 최종적인 과징금액을 결정하는 종국적 처분이고, 선행처분은 이러한 종국적 처분을 예정하고 있는 일종의 잠정적 처분으로서 후행처분이 있을 경우 선행처분은 후행처분에 흡수되어 소멸한다. 따라서 위와 같은 경우에 선행처분의 취소를 구하는 소는 이미 효력을 잃은 처분의 취소를 구하는 것으로 부적법하다(대판 2015.2.12. 2013두987).

┌─────────────────────────┐
│ 2015년 제3회 행정사 기출 │
└─────────────────────────┘

A시는 2014. 5. 30. 구(舊) 도심지의 도시재생사업을 수행할 사업자를 공모하였다. 이 공모에는 甲, 乙, 丙 3개 업체가 지원하였다. 공모심사 결과, 乙이 사업자로 선정되고 甲과 丙은 탈락하였다. 甲은 2015. 5. 4. 乙이 해당 사업을 시행할 능력이 부족하고 사업자 선정과정도 공정하지 못하였다고 주장하면서, A시장에게 ① 심사위원별 평가점수, ② 심사위원 인적 사항 및 ③ 乙업체의 재정상태와 사업실적의 정보공개를 청구하였다. 그런데 A시장은 2015. 5. 18. 위 청구 중 ③에 관한 정보를 보유하고 있지 않으며, ①과 ②에 관한 정보는 비공개대상이라는 사유로 공개를 거부하고, 같은 날 이를 甲에게 통지하였다. 甲은 A시장의 정보공개거부처분의 위법·부당함을 주장하면서 이의신청을 하였으나 2015. 6. 15. 기각결정서를 송달받았다. 이에 甲은 2015. 8. 31. A시장을 상대로 관할 행정심판위원회에 정보공개거부처분의 취소를 구하는 행정심판을 청구하였다. 위 행정심판 청구요건의 적법 여부 및 A시장의 정보공개거부처분의 적법 여부에 관하여 논하시오. (40점)

---

1. 사례의 논점

甲의 취소심판의 청구가 취소심판청구의 청구요건을 구비했는지, A시장의 정보공개거부처분의 적법성 여부와 관련해서 정보공개거부처분의 사유가 정당한지 문제된다.

2. 설문의 해결

(1) 청구요건의 적법 여부

① 모든 국민은 공공기관에 대해 정보공개를 청구할 법률상 구체적 권리가 인정되고 공공기관은 보유·관리하고 있는 정보를 공개할 의무가 있으므로 A시장의 거부는 취소심판의 대상이 되는 거부처분에 해당한다.

② 모든 국민은 공공기관에 대해 정보공개를 청구할 구체적 권리가 인정되므로 이를 거부하는 것은 그 자체로 법률상 이익의 침해가 된다. 따라서 甲은 A시장의 거부처분에 대해 취소심판을 청구할 법률상 이익이 인정된다.

③ 甲의 심판청구는 이의신청을 통지받은 날인 2015. 6. 15.로부터 90일 내에 제기된 것이므로 적법한 심판청구에 해당한다.

④ 甲은 거부처분을 한 A시장을 피청구인으로 하여 취소심판을 청구하였으므로 피청구인지정에 잘못이 없다.

⑤ 甲의 심판청구는 적법하다.

(2) A시장의 정보공개거부처분의 적법 여부

생략

2017년 제5회 행정사 기출

행정사 甲은 "행정사와 그 사무직원은 업무에 관하여 법률이 정한 보수 외에 어떠한 명목으로도 위임인으로부터 금전 또는 재산상의 이익이나 그 밖의 반대급부(反對給付)를 받지 못한다."라는 「행정사법」의 규정에 위반하는 행위를 하였다는 이유로 관할 행정청인 A시장으로부터 1개월 업무정지처분을 한다는 내용의 처분서를 2017. 5. 1. 송달받았다. 그에 따라 甲은 1개월간 업무를 하지 못한 채, 그 업무정지기간은 만료되었다. 甲은 A시장으로부터 위 처분에 대한 행정심판 고지를 받지 못했다. 甲은 2017. 9. 8. 위 처분에 불복하여 행정심판위원회에 A시장의 업무정지처분의 취소를 구하는 행정심판을 제기하였다. 「행정사법 시행규칙」 [별표] 업무정지처분 기준에서는 제재처분의 횟수에 따라 제재가 가중되는 것으로 규정하고 있다. 다음 물음에 답하시오. (40점)

물음 1) 甲이 제기한 행정심판은 청구요건을 충족하는가? (30점)

---

1. 사례의 논점

甲에 대한 1개월의 업무정지기간이 만료되었다는 점에서 취소심판을 청구할 법률상 이익이 있는지, 2017. 9. 8.에 제기한 취소심판이 청구기간을 도과한 것이 아닌지 문제된다.

2. 설문의 해결

① 甲에 대한 1월의 영업정지처분은 기간이 경과하였지만 「행정사법 시행규칙」 [별표] 업무정지처분 기준에 가중제재처분의 사유로 규정되어 있어서 가중제재의 위험성을 방지할 회복되는 법률상 이익이 인정된다.

② 甲은 A시장으로부터 위 처분에 대한 행정심판 고지를 받지 못했으므로 처분이 있었던 날로부터 180일 이내에 청구할 수 있고, 甲의 심판청구는 심판청구기간을 준수한 적법한 청구이다.

甲은 관할 행정청인 A시장에게 노래연습장업의 등록을 하고 그 영업을 영위해 오고 있다. 甲은 2020. 3. 5. 13:30경 영업장소에 청소년을 출입시켜 주류를 판매·제공하였다는 이유로 단속에 적발되었다. A시장은 사전통지 절차를 거친 후 2020. 4. 8. 甲에 대한 3개월의 영업정지처분의 통지서를 송달하였고, 甲은 다음 날 처분 통지서를 수령하였다. 통지서에는 "처분이 있음을 안 날부터 120일 이내에 B행정심판위원회에 행정심판을 제기할 수 있다"라고 청구기간이 잘못 기재되어 있었다. 甲은 해당 처분이 자신의 위반행위에 비하여 과중한 제재처분이라고 주장하면서 A시장을 피청구인으로 하여 B행정심판위원회에 2020. 8. 3. 취소심판을 제기하였다. 다음 물음에 답하시오. (40점)

물음 1) 甲이 제기한 행정심판은 청구기간을 준수하였는지 논하시오, (20점)

---

1. 사례의 논점

A시장이 "처분이 있음을 안 날부터 120일 이내에 B행정심판위원회에 행정심판을 제기할 수 있다."라고 잘못된 심판고지를 했다는 점에서 甲이 제기한 행정심판은 청구기간을 준수하였는지 문제된다.

2. 설문의 해결

① A시장은 심판청구기간을 처분이 있음을 알게 된 날부터 90일보다 긴 기간으로 잘못 알렸으므로 甲은 청구받은 120일 이내에 심판을 청구할 수 있다.

② 甲의 취소심판청구는 청구기간을 준수한 적법한 심판청구에 해당한다.

제5절 「행정심판법」상 가구제

≫ 사례 27

쟁점 : 가구제

甲은 「교육공무원법」 및 「교육공무원임용령」에 의하여 국립 A대학교 소속 단과대학 조교수로 4년의 기간을 정하여 임용되었다. 甲은 임용기간이 만료되기 4개월 전 임용기간의 만료 사실과 재임용심사를 신청할 수 있음을 임용권자로부터 서면으로 통지 받고 이에 따라 재임용심사를 신청하였으나, 임용권자는 국립 A대학교 본부인사위원회의 심의를 거쳐 재임용탈락의 통지를 하였다. 이러한 심의과정에는 의견제출기회에 대한 사전통지의 하자가 있었고 甲은 재임용탈락 통지에 대한 행정심판을 청구하려고 한다.

甲의 재임용탈락에 대해 「행정심판법」상 가구제 방안을 설명하시오. (20점)

［Ⅰ］ 사례의 논점

甲에 대한 재임용탈락통보에 대해 「행정심판법」상 집행정지 또는 임시처분이 가능할 것인지 문제된다.

［Ⅱ］ 집행정지의 인정 여부

1. 집행정지의 의의

행정심판위원회가 직권 또는 당사자의 신청에 의하여 처분의 효력, 처분의 집행 또는 절차의 속행의 전부 또는 일부의 정지를 결정하는 것을 집행정지라 한다.

2. 집행정지결정의 요건

(1) 적극적 요건

집행정지는 ① 집행정지대상인 처분의 존재, ② 적법한 심판청구의 계속, ③ 중대한 손해가 생기는 것을 예방할 필요성, ④ 긴급성을 요건으로 한다.

(2) 소극적 요건

집행정지처분으로 인하여 공공복리에 중대한 영향을 미칠 우려가 없어야 한다.

3. 거부처분에 대한 집행정지

(1) 쟁점

집행정지의 대상인 처분과 관련 거부처분에 대해 집행정지가 가능한지에 대해서 견해대립이 있다.

(2) 학설

① 거부처분에 대해 집행정지를 하더라도 행정청이 신청에 따른 처분을 할 의무를 부담하지 않는다는 점에서 부정설, ② 원칙적으로 인정되지 않지만 거부처분의 집행정지에 의하여 신청인에게 어떠한 법적 이익이 있다고 인정되는 예외적 경우에는 인정된다는 예외적 긍정설, ③ 집행정지결정의 기속력에 의해 행정청에게 잠정적인 재처분의무가 생긴다고 볼 수 있다는 점에서 긍정설의 견해대립이 있다.

(3) 판례

판례는 거부처분의 효력정지는 신청인에게 생길 손해를 방지하는 데 아무런 보탬이 되지 아니한다는 이유로 부정하는 입장이다.

(4) 결론

거부처분은 그 자체를 침익적 처분으로 볼 수 없고 거부처분에 대해서는 임시처분이 가능하다는 점에서 부정설이 타당하다.

Ⅲ 임시처분

1. 임시처분의 의의

임시처분이란 행정심판위원회가 직권 또는 당사자의 신청에 의하여 처분 또는 부작위에 대하여 인정되는 임시지위를 정하는 가구제이다.

2. 임시처분의 요건

(1) 적극적 요건

① 처분 또는 부작위가 위법·부당하다고 상당히 의심될 것, ② 당사자가 받을 우려가 있는 중대한 불이익이나 당사자에게 생길 급박한 위험의 방지의 필요성, ③ 임시지위를 정할 필요성의 존재를 요건으로 한다.

(2) 소극적 요건

① 임시처분으로 인하여 공공복리에 중대한 영향을 미칠 우려가 없을 것, ② 집행정지로 목적달성이 가능하지 않을 것을 요건으로 한다.

Ⅳ 설문의 해결

甲에 대한 재임용탈락의 통보는 재임용거부처분에 해당하고 이는 집행정지의 대상이 되지 않으므로 임시처분으로 구제가 가능하다고 본다.

≫ 사례 28

> **쟁점 : 가구제**
>
> 甲은 A시장으로부터 「사행행위 등 규제 및 처벌 특례법」에 따라 유효기간 90일로 투전기업소영
> 업허가를 받아 영업을 하고 있던 중 유효기간인 90일이 경과되어 감에 따라 A시장에게 허가갱신
> 신청을 하였으나 A시장은 이를 거부하였다.
> 甲은 A시장의 거부처분에 대한 취소심판을 청구하면서 집행정지를 신청할 수 있는가? (20점)

Ⅰ 사례의 논점

甲에 대한 A시장의 거부처분이 「행정심판법」상 집행정지의 대상이 되는지 문제된다.

Ⅱ 집행정지의 인정 여부

1. 집행정지의 의의

행정심판위원회가 직권 또는 당사자의 신청에 의하여 처분의 효력, 처분의 집행 또는 절차의 속행의 전부 또는 일부의 정지를 결정하는 것을 집행정지라 한다.

2. 집행정지결정의 요건

(1) 적극적 요건

집행정지는 ① 집행정지대상인 처분의 존재, ② 적법한 심판청구의 계속, ③ 중대한 손해가 생기는 것을 예방할 필요성, ④ 긴급성을 요건으로 한다.

(2) 소극적 요건

집행정지처분으로 인하여 공공복리에 중대한 영향을 미칠 우려가 없어야 한다.

3. 거부처분에 대한 집행정지

(1) 쟁점

집행정지의 대상인 처분과 관련 거부처분에 대해 집행정지가 가능한지에 대해서 견해대립이 있다.

(2) 학설

① 거부처분에 대해 집행정지를 하더라도 행정청이 신청에 따른 처분을 할 의무를 부담하지 않는다는 점에서 부정설, ② 원칙적으로 인정되지 않지만 거부처분의 집행정지에 의하여 신청인에게 어떠한 법적 이익이 있다고 인정되는 예외적 경우에는 인정된다는 예외적 긍정설, ③ 집행정지결정의 기속력에 의해 행정청에게 잠정적인 재처분의무가 생긴다고 볼 수 있다는 점에서 긍정설의 견해대립이 있다.

(3) 판례

판례는 일률적으로 거부처분에 대한 집행정지를 부정한다.

(4) 결론

거부처분은 그 자체를 침익적 처분으로 볼 수 없고 거부처분에 대해서는 임시처분이 가능하다는 점에서 부정설이 타당하다.

Ⅲ 설문의 해결

甲에 대한 A시장의 거부처분은 집행정지의 대상이 되지 않으므로 甲의 집행정지신청은 허용되지 않는다.

≫ 사례 29

쟁점 : 법률상 이익과 집행정지

구청장 甲은 2005. 4. 27. ○○ 제1구역 주택재개발정비사업조합의 설립을 위한 추진위원회 구성의 승인처분(이하 '이 사건 추진위원회 승인처분'이라고 한다)을 하였다. 乙은 추진위원회 승인처분의 무효확인을 구하는 행정심판을 청구하면서 구청장 甲의 추진위원회 승인처분의 효력을 행정심판 재결시까지 정지해 줄 것을 신청하였다. 신청인의 행정심판이 계속 중이던 2010. 10. 4. ○○ 제1구역 주택재개발정비사업조합 설립인가처분이 이루어진 경우 乙의 무효확인심판청구의 법률상 이익과 집행정지신청의 인용 여부를 서술하시오. (20점)

Ⅰ 사례의 논점

추진위원회 승인처분 후에 조합설립인가처분이 이루어졌다는 점에서 여전히 추진위원회 승인처분의 무효확인을 구할 법률상 이익이 있는지와 집행정지신청의 법률상 이익이 있는지 문제된다.

Ⅱ 무효확인심판의 청구인적격

1. 법률상 이익이 있는 자

무효등확인심판은 처분의 효력 유무 또는 존재 여부의 확인을 구할 법률상 이익이 있는 자가 청구할 수 있다.

2. 법률상 이익의 의미

(1) 학설

법적으로 보호되는 개인적 이익을 침해당한 자에게만 행정심판의 청구인적격을 인정하는 법률상 보호이익설과 쟁송법적 관점에서 행정심판에 의해 보호할 만한 가치가 있는 이익이 침해된 자에게는 청구인적격을 인정하는 보호가치 있는 이익설의 견해대립이 있다.

(2) 판례

처분의 근거법규 및 관련법규에 의해 보호되는 직접적이고 구체적인 개인적 이익을 법률상 이익으로 보고 있다.

(3) 결론

행정심판은 법적 이익의 구제수단이므로 법률상 보호이익설이 타당하다.

Ⅲ 집행정지

1. 집행정지의 의의

행정심판위원회가 직권 또는 당사자의 신청에 의하여 처분의 효력, 처분의 집행 또는 절차의 속행의 전부 또는 일부의 정지를 결정하는 것을 집행정지라 한다.

2. 집행정지결정의 요건

(1) 적극적 요건

집행정지는 ① 집행정지대상인 처분의 존재, ② 적법한 심판청구의 계속, ③ 중대한 손해가 생기는 것을 예방할 필요성, ④ 긴급성을 요건으로 한다.

(2) 소극적 요건

집행정지처분으로 인하여 공공복리에 중대한 영향을 미칠 우려가 없어야 한다.

Ⅳ 설문의 해결

선행 추진위원회 승인처분 이후 후행 조합설립인가처분이 다시 이루어진 이상, 乙은 추진위원회 승인처분 및 변경승인처분에 위법이 존재하여 조합설립인가 신청행위가 무효라는 점 등을 들어 직접 조합설립인가처분을 다투어야 하고, 이와는 별도로 이 사건 추진위원회 승인처분 및 변경승인처분에 대하여 무효확인을 구할 법률상의 이익은 없다고 할 것이며, 그 효력을 정지시키기 위하여 집행정지 신청을 구할 이익도 없다.

≫ 사례 30

쟁점 : 가구제

甲은 ○○ 국적의 외국인으로서 2014. 11. 12. 비전문취업(E-9) 체류자격으로 입국한 후 체류하던 중 1회 취업활동을 연장하였고 2019. 6. 28. 안산출입국관리소장(이하 "A"라 한다)에게 숙련생산기능 외국인인력에 대한 거주(F-2-6) 체류자격 변경허가를 신청하였으나, A는 2019. 7. 8. 청구인에게 당시 연평균 임금소득을 기준으로 284,442원이 부족하여 '체류자격 변경요건 미비 등'의 사유로 체류자격 변경허가를 거부한다는 통지를 하였다. 이에 甲은 체류자격 변경허가신청의 거부로 비전문취업(E-9) 체류자격의 체류기간이 만료되어 출국을 해야 될 상황이 되었기에 체류자격 변경허가신청거부에 대해 의무이행심판을 청구하려고 한다. 甲이 A의 체류자격 변경허가에 대한 거부에 대해서 「행정심판법」상 취할 수 있는 가구제 방안을 설명하시오. (20점)

Ⅰ 사례의 논점

甲이 A의 체류자격 변경허가에 대한 거부에 대해서 「행정심판법」상 취할 수 있는 가구제 수단으로 집행정지와 임시처분이 있다.

Ⅱ 집행정지

1. 의의

집행정지란 심판청구의 대상인 처분의 효력이나 집행 또는 절차의 속행을 정지시키는 것을 말한다. 행정심판의 청구가 있더라도 대상되는 처분은 집행이 정지되지 않는 것이 원칙이지만 가구제로 집행정지를 인정하고 있다.

2. 집행정지의 요건

① 집행정지대상인 처분이 존재할 것, ② 적법한 심판청구가 계속 중일 것, ③ 중대한 손해가 생기는 것을 예방의 필요성이 있을 것, ④ 긴급할 것, ⑤ 집행정지로 공공복리에 중대한 영향을 미칠 우려가 없을 것을 요건으로 한다.

3. 거부처분에 대한 집행정지 가능성

(1) 학설

① 거부처분에 대해 집행정지를 하더라도 행정청이 신청에 따른 처분을 할 의무를 부담하지 않는다는 점에서 부정설, ② 원칙적으로 인정되지 않지만 거부처분의 집행정지에 의하여 신청인에게 어떠한 법적 이익이 있다고 인정되는 예외적 경우에는 인정된다는 예외적 긍정설, ③ 집행정지결정의 기속력에 의해 행정청에게 잠정적인 재처분의무가 생긴다고 볼 수 있다는 점에서 긍정설의 견해대립이 있다.

(2) 판례

판례는 거부처분의 효력정지는 신청인에게 생길 손해를 방지하는 데 아무런 보탬이 되지 아니한다는 이유로 부정하는 입장이다.

(3) 소결

거부처분에 대해서는 임시처분이 실효적이라는 점에서 부정설이 타당하다고 본다.

Ⅲ 임시처분

1. 의의

임시처분이란 처분 또는 부작위에 대하여 인정되는 임시지위를 정하는 가구제이다. 의무이행심판에 의한 권리구제의 실효성을 보장하기 위한 제도이다.

2. 임시처분의 요건

① 처분 또는 부작위가 위법·부당하다고 상당히 의심될 것, ② 처분 또는 부작위 때문에 당사자가 받을 우려가 있는 중대한 불이익이나 당사자에게 생길 급박한 위험의 방지, ③ 임시지위를 정할 필요성의 존재, ④ 적법한 심판청구의 계속, ⑤ 임시처분으로 공공복리에 중대한 영향을 미치지 않을 것을 요건으로 한다.

3. 집행정지에 대한 보충성

임시처분은 집행정지로 목적을 달성할 수 없을 것을 요건으로 한다.

Ⅳ 설문의 해결

연평균 소득 284,442원이 부족하여 체류자격 미비라는 것은 위법·부당이 상당히 의심되고, 甲에 대해 임시지위를 정하지 않으면 체류기간 만료로 출국해야 할 상황이라는 급박한 위험을 방지할 필요성도 인정된다. 甲에 대해 체류자격에 대한 임시지위를 인정하더라도 공공복리에 중대한 영향을 미치지는 않는다고 보이므로 임시처분은 허용된다.

甲은 A행정청이 시행한 국가공무원시험의 1차 객관식시험에 응시하였으나 불합격(이하 '처분'이라 함)하였다. 이 시험은 1차 객관식시험, 2차 주관식시험과 3차 면접시험으로 구성되고, 3차 면접시험에 합격한 경우에 최종 합격자가 된다. 또한 3차 면접시험에 응시하기 위해서는 2차 주관식시험에, 2차 주관식시험에 응시하기 위해서는 1차 객관식시험에 각각 합격하여야 한다. 甲은 위 처분에 대하여 행정심판을 청구하였으나, 관할 행정심판위원회가 2차 주관식시험 시행 전까지 재결하지 않을 것에 대비하여 법적 수단을 강구하고자 한다. 甲이 재결 전이라도 2차 주관식시험에 응시하기 위하여 취할 수 있는 「행정심판법」상 구제수단에는 어떠한 것이 있는지 논하시오. (40점)

1. 사례의 논점

A행정청의 국가공무원시험의 1차 객관식시험에 대한 불합격처분에 대해 재결로 확정되기 전 「행정심판법」상 가구제 수단이 문제된다.

2. 설문의 해결

① 甲에 대한 불합격처분은 거부처분에 해당하고 거부처분에 대해서는 집행정지가 인정되지 않으므로 甲은 집행정지를 신청할 수 없다.

② 甲에 대한 불합격처분에 대해 재결이 나오지 않는 경우 甲은 2차 주관식 시험에 응시할 수 없다는 중대한 불이익이 발생하므로 임시처분으로 2차 주관식 시험에 응시할 임시지위를 정할 필요성이 인정된다. 다만, 1차 객관식시험의 불합격처분이 위법 또는 부당하다고 상당히 의심되어야 한다.

甲은 '사실상의 도로'로서 인근 주민들의 통행로로 이용되고 있는 토지(이하 '이 사건 토지'라 한다.)를 매수한 다음 관할 구청장 乙에게 그 지상에 주택을 신축하겠다는 내용의 건축허가를 신청하였으나, 乙은 '위 토지가 「건축법」상 도로에 해당하여 건축을 허용할 수 없다'는 사유로 건축허가를 거부하였다. 이에 甲은 위 거부행위에 대해 취소심판청구 및 집행정지신청을 하였다. 다음 물음에 답하시오. (40점)

물음 1) 乙은 '甲의 건축허가 신청을 거부한 행위는 취소심판의 대상이 되는 거부처분이 아니고, 또 건축허가 거부행위에 대해서는 집행정지가 허용되지 않는다.'고 주장한다. 乙의 주장은 타당한가? (20점)

1. 사례의 논점

甲의 건축허가신청에 대한 乙의 거부가 행정심판의 대상이 되는 처분요건을 갖추었는지와 이에 대한 집행정지가 허용되는지 문제된다.

2. 설문의 해결

① 일반국민에게는 「건축법」상 건축허가 신청권이 인정되므로 거부처분에 해당하지 않는다는 乙의 주장은 타당하지 않다.

② 거부처분은 집행정지의 대상이 되지 않으므로 집행정지가 허용되지 않는다는 乙의 주장은 타당하다.

2023년 제11회 행정사 기출

A시의 공공주택난을 해소하기 위한 청년대상 공공아파트 1개 동을 건설하기 위하여 甲은 시장 乙에게 주택건설사업계획승인신청을 하였다. 이 신청에 대하여 乙은 관계 법령에 따라 아파트 건설이 가능하다고 구술로 답을 하였다. 그러나 乙의 임기 만료 후에 새로 취임한 시장 丙은 공공아파트 신축 예정지역 인근에 시 지정 공원이 있어 아파트 건설로 A시의 환경, 미관 등이 손상될 우려가 있다는 이유로, 주택건설사업계획승인신청을 반려하는 처분(이하 '이 사건 반려처분'이라 한다.)을 하였다. 甲은 이에 불복하여 이 사건 반려처분의 취소를 구하는 행정심판청구 및 집행정지신청(이하 '이 사건 취소심판'이라 한다.)을 하였다. 다음 물음에 답하시오. (40점)

물음 1) 이 사건 취소심판에서 집행정지의 인용 여부를 검토하시오. (20점)

1. 사례의 논점

丙의 반려처분에 대해 집행정지가 가능할 것인지 문제된다.

2. 설문의 해결

丙의 반려처분은 집행정지의 대상이 되는 처분에 해당하지 않으므로 집행정지는 인용되지 않는다.

제6절 행정심판의 심리

≫ 사례 31

쟁점 : 처분사유의 추가ㆍ변경

원종시장정비사업조합설립추진위원회(이하 '甲')는 2006. 10. 12. 부천시장에게 부천시 소재 토지에 있는 원종시장을 구「재래시장 육성을 위한 특별법」의 관련 규정에 따라 시장정비사업시행구역으로 추천해 달라는 신청을 하였고 부천시장은 2006. 10. 27. 경기도지사에게 원종시장을 시장정비사업시행구역으로 추천하였다. 경기도지사는 2009. 11. 2. 시장정비사업계획의 적정성 요건을 충족하지 못하였다는 이유로 이를 거부하였다. 이에 甲은 경기도지사의 거부처분에 대한 취소심판을 청구하였다. 취소심판이 진행되는 중에 경기도지사는 재래시장법이 개정되어 '시장정비사업의 대상이 되기 위해서는 그 사업구역 안의 국ㆍ공유지 면적이 전체 토지 면적의 1/2 이상이어야 한다'는 점을 추가하여 거부처분을 하는 것이라고 사유를 추가하였다.
경기도지사의 처분사유 추가는 허용되는가? (20점)

Ⅰ 사례의 논점

甲에 대한 취소심판이 진행되는 중에 처분사유를 추가하는 것이 허용되는지 문제된다.

Ⅱ 처분사유의 추가·변경

1. 의의

행정청이 처분을 하면서 처분사유를 밝힌 후 당해 처분에 대한 심판의 계속 중 처분 당시 제시된 처분사유를 변경하거나 다른 사유를 추가하는 것을 처분사유의 추가·변경이라 한다.

2. 인정 여부

(1) 문제점

「행정심판법」에 명문의 인정규정이 없다는 점에서 인정 여부에 대한 견해대립이 있다.

(2) 견해대립

① 기본적 사실관계의 동일성이 유지되는 한도 내에서 인정된다는 기본적 사실관계 동일성설, ② 소송물의 변경이 없는 한 인정해야 한다는 소송물 기준설, ③ 처분의 유형 및 심판의 유형에 따라 허용범위가 달라진다는 개별적 기준설의 견해대립이 있다.

3. 판례

① 일반적으로 기본적 사실관계의 동일성이 유지되는 한도 내에서 처분사유의 추가·변경을 인정하고 있다.

② 과세처분에 대해서는 소송물의 범위 내에서 기본적 사실관계의 동일성이라는 제한 없이 처분사유의 추가·변경을 인정한다.

4. 결어

분쟁의 일회적 해결의 필요성과 심판청구인의 예기치 못한 불이익을 방지해야 할 필요성을 균형 있게 조절해야 한다는 점에서 기본적 사실관계 동일성설이 타당하다고 본다.

Ⅲ 기본적 사실관계의 동일성의 의미

처분사유를 법률적으로 평가하기 이전의 구체적 사실에 착안하여 그 기초인 사회적 사실관계가 기본적인 점에서 동일한지에 따라 결정된다.

Ⅳ 설문의 해결

처분의 이유로 제시된 당초 처분사유는 시장정비사업계획의 적정성 여부에 관한 것인 반면, 추가 처분사유는 사업지역인 원종시장의 국·공유지 면적 요건의 구비 여부에 관한 것으로서 양자는 기본적 사실관계가 동일하다고 볼 수 없으므로 경기도지사의 처분사유 추가·변경은 허용되지 않는다.

≫ 사례 32

쟁점 : 처분사유의 추가 · 변경

甲은 2019. 4.경부터 하남에 있는 ○○○ 부지 지상에 컨테이너를 설치하여 일부는 사무실, 식당, 화장실로 사용하고, 나머지는 창고로 임대하기 시작하였다. 이에 하남시장 乙은 2019. 4. 29. 원고들에 대하여 건축허가를 받지 아니하고 이 사건 컨테이너를 설치한 것이 「건축법」 제11조(건축물의 허가) 위반이라는 이유로 원상복구의 시정명령을 할 것임을 사전통지하면서 의견이 있을 경우 2019. 5. 14.까지 제출할 것을 통보하였다. 甲은 2019. 5. 14. 하남시장 乙에게 이 사건 컨테이너 중 창고로 이용되는 부분은 불법시설물로 볼 수 없으므로 다시 한번 검토해 줄 것을 요청하면서, 이 사건 컨테이너 중 사무실, 식당, 화장실로 이용되는 부분은 2019. 6. 30.까지 원상복구하고 증빙자료를 제출하겠다는 의견을 제출하였다. 하남시장 乙은 2019. 5. 20. 甲에게 이 사건 컨테이너가 「건축법」 제2조 제1항 제2호의 건축물에 해당함에도 같은 법 제11조에 따른 건축허가를 받지 아니하고 이를 건축하였다는 이유로 「건축법」 제79조에 근거하여 원상복구를 명하면서, 만약 위 기한 내에 원상복구를 하지 않을 경우에는 행정대집행을 통하여 이 사건 컨테이너를 철거할 것임을 계고하였다. 甲은 2019. 6. 10. 피고에게 이 사건 부지 지상에 이 사건 컨테이너를 축조하는 내용의 가설건축물 축조신고를 하였다. 그러나 하남시장 乙은 2019. 6. 25. 甲에게 이 사건 컨테이너는 「건축법」 제2조 제1항 제2호에 따른 건축물에 해당하므로 「건축법」 제11조에 따른 건축허가를 받아야 한다는 등의 이유로 위 축조신고를 반려하였다. 이에 甲은 2019. 6. 20.에 계고처분에 대해 취소심판을 청구하였다. 甲의 취소심판이 진행되는 중에 하남시장 乙은 甲의 컨테이너는 「건축법」 제20조(가설건축물 설치신고)를 위반한 것으로 위법한 행위라는 점을 추가하였다.

하남시장 乙의 「건축법」 제20조(가설건축물의 설치신고) 위반이라는 사유는 추가가 허용되는가? (20점)

Ⅰ 사례의 논점

甲에 대한 취소심판이 진행되는 중에 하남시장 乙이 「건축법」 제20조 위반을 처분사유로 추가하는 것이 허용될 수 있을 것인지 문제된다.

Ⅱ 처분사유의 추가·변경

1. 의의

행정청이 처분을 하면서 처분사유를 밝힌 후 당해 처분에 대한 심판의 계속 중 처분 당시 제시된 처분사유를 변경하거나 다른 사유를 추가하는 것을 처분사유의 추가·변경이라 한다.

2. 인정 여부

(1) 문제점

「행정심판법」에 명문의 인정규정이 없다는 점에서 인정 여부에 대한 견해대립이 있다.

(2) 인정 여부

1) 문제점

「행정심판법」에 명문의 인정규정이 없다는 점에서 인정 여부에 대한 견해대립이 있다.

2) 견해대립

① 기본적 사실관계의 동일성이 유지되는 한도 내에서 인정된다는 기본적 사실관계 동일성설, ② 소송물의 변경이 없는 한 인정해야 한다는 소송물 기준설, ③ 처분의 유형 및 심판의 유형에 따라 허용범위가 달라진다는 개별적 기준설의 견해대립이 있다.

3. 판례

① 일반적으로 기본적 사실관계의 동일성이 유지되는 한도 내에서 처분사유의 추가·변경을 인정하고 있다.

② 과세처분에 대해서는 소송물의 범위 내에서 기본적 사실관계의 동일성이라는 제한 없이 처분사유의 추가·변경을 인정한다.

4. 결어

분쟁의 일회적 해결의 필요성과 심판청구인의 예기치 못한 불이익을 방지해야 할 필요성을 균형 있게 조절해야 한다는 점에서 기본적 사실관계 동일성설이 타당하다고 본다.

Ⅲ 기본적 사실관계의 동일성의 의미

처분사유를 법률적으로 평가하기 이전의 구체적 사실에 착안하여 그 기초인 사회적 사실관계가 기본적인 점에서 동일한지에 따라 결정된다.

website www.pmg.co.kr

Ⅳ 설문의 해결

「건축법」제11조의 건축허가 위반이라는 사실과 「건축법」제20조의 가설건축물 축조신고는 서로 요건과 절차가 다른 것으로 기본적 사실관계의 동일성이 인정되지 않으므로 처분사유의 추가가 허용되지 않는다.

참조 판례

컨테이너를 설치하여 사무실 등으로 사용하는 갑 등에게 관할 시장이 건축법 제2조 제1항 제2호의 건축물에 해당함에도 같은 법 제11조의 따른 건축허가를 받지 않고 건축하였다는 이유로 원상복구명령 및 계고처분을 하였다가 이에 대한 취소소송에서 같은 법 제20조 제3항 위반을 처분사유로 추가한 사안에서, 당초 처분사유인 '건축법 제11조 위반'과 추가한 추가사유인 '건축법 제20조 제3항 위반'은 위반행위의 내용이 다르고 위법상태를 해소하기 위하여 거쳐야 하는 절차, 건축기준 및 허용가능성이 달라지므로 그 기초인 사회적 사실관계가 동일하다고 볼 수 없어 처분사유의 추가·변경이 허용되지 않는다(대판 2021.7.29. 2021두34756).

100 Part 01 행정심판 사례형 문제

》 사례 33

쟁점 : 처분사유의 추가 · 변경

서울 乙구청장은 주택개량재개발지구인 서울 ○○구 (주소 생략) 일대의 토지소유자 3/4 이상이 동의를 하여 요건이 충족된다는 이유로 주택재건축조합설립과 사업시행계획에 대해서 인가를 하였고 공사가 상당 부분 진행되었다. 그런데 동의자로 집계된 토지소유자 중 15명과, 건축물소유자 중 19명은 이 사건 인가처분이 있기 전 乙구청장에게 내용증명우편 또는 통고서 형식을 빌어 서면으로 이들이 원래 한 동의를 철회한다는 의사표시를 하였다. 현재 토지소유자와 건물소유자의 90%는 재개발지구에서 퇴거하여 이주한 상태이다. 재개발을 반대하는 甲은 이를 발견하고 乙구청장의 주택재건축조합설립과 사업시행계획에 대한 인가처분은 토지소유자의 동의요건을 충족하지 아니하여 위법하다는 이유로 취소심판을 청구하였다.

취소심판이 진행되는 중에 乙구청장은 '동의를 철회한 소유자들 일부를 포함하여 토지와 건물소유자 중 약 90%에 해당하는 자들이 이미 재개발지구에서 퇴거하여 이주하였다'는 사유를 들어 주택재건축조합설립과 사업시행계획에 대해서 인가처분은 적법하다고 사유를 추가하였다. 이는 허용되는가? (20점)

Ⅰ 사례의 논점

취소심판이 진행되는 중에 乙구청장이 추가하는 사유와 관련하여 처분사유의 추가가 허용될 것인지 문제된다.

Ⅱ 처분사유의 추가·변경

1. 의의

행정청이 처분을 하면서 처분사유를 밝힌 후 당해 처분에 대한 심판의 계속 중 처분 당시 제시된 처분사유를 변경하거나 다른 사유를 추가하는 것을 말한다.

2. 인정 여부

(1) 문제점

「행정심판법」에 명문의 인정규정이 없다는 점에서 인정 여부와 기준에 대한 견해대립이 있다.

(2) 견해대립

일반적으로 허용되지 않고 제한된 범위 내에서 인정된다는 것이 다수설과 판례이다. 그 기준에 대해서는 ① 기본적 사실관계의 동일성이 유지되는 한도 내에서 처분사유의 추가·변경을 인정한다는 기본적 사실관계 동일성설, ② 소송물의 변경이 없는 한 처분사유의 추가·변경을 인정해야 한다는 소송물 기준설, ③ 처분의 유형 및 심판의 유형에 따라 허용범위가 달라진다는 개별적 기준설의 대립이 있다.

(3) 판례

판례는 일반적으로 기본적 사실관계의 동일성이 유지되는 한도 내에서 처분사유의 추가·변경을 인정하는 입장이면서, 과세처분에 대해서는 소송물의 범위 내에서 기본적 사실관계의 동일성이라는 제한 없이 처분사유의 추가·변경을 인정한다.

(4) 소결

분쟁의 일회적 해결의 필요성과 심판청구인의 예기치 못한 불이익을 방지해야 할 필요성을 균형 있게 조절해야 한다는 점에서 기본적 사실관계 동일성설이 타당하다.

3. 기본적 사실관계의 동일성의 의미

처분사유를 법률적으로 평가하기 이전의 구체적 사실에 착안하여 그 기초인 사회적 사실관계가 기본적인 점에서 동일한지에 따라 결정된다.

Ⅲ 설문의 해결

乙구청장의 토지소유자 3/4 이상이 동의를 하여 요건이 충족되었다는 처분사유와 토지와 건물소유자 중 약 90%에 해당하는 자들이 이미 재개발지구에서 퇴거하여 이주하였다는 사유는 기본적 사실관계의 동일성이 인정되지 않으므로 이는 허용되지 않는다.

2017년 제5회 행정사 기출

행정사 甲은 "행정사와 그 사무직원은 업무에 관하여 법률이 정한 보수 외에 어떠한 명목으로도 위임인으로부터 금전 또는 재산상의 이익이나 그 밖의 반대급부(反對給付)를 받지 못한다."라는 「행정사법」의 규정에 위반하는 행위를 하였다는 이유로 관할 행정청인 A시장으로부터 1개월 업무정지처분을 한다는 내용의 처분서를 2017. 5. 1. 송달받았다. 그에 따라 甲은 1개월간 업무를 하지 못한 채, 그 업무정지기간은 만료되었다. 甲은 A시장으로부터 위 처분에 대한 행정심판 고지를 받지 못했다. 甲은 2017. 9. 8. 위 처분에 불복하여 행정심판위원회에 A시장의 업무정지처분의 취소를 구하는 행정심판을 제기하였다. 「행정사법 시행규칙」 [별표] 업무정지처분 기준에서는 제재처분의 횟수에 따라 제재가 가중되는 것으로 규정하고 있다. 다음 물음에 답하시오. (40점)

물음 2) 행정심판의 청구요건이 충족되었다고 가정할 경우, A시장은 행정심판과정에서 처분시 제시하지 않았던 '甲이 2개의 행정사 사무소를 설치·운영하였음'이라는 처분사유를 추가할 수 있는가?

(10점)

---

1. 사례의 논점

甲에 대한 취소심판이 진행되는 중에 처분사유를 추가하는 것이 허용되는지 문제된다.

2. 설문의 해결

A시장이 처분시 제시한 '보수 외의 반대급부를 받지 못한다는 규정위반'과 '甲이 2개의 행정사사무소를 설치·운영하였음'이라는 처분사유는 기본적 사실관계의 동일성이 인정되지 않으므로 허용되지 않는다.

제7절 행정심판의 재결

≫ 사례 34

쟁점 : 재결의 종류

혼인하여 3자녀를 둔 5인 가구의 세대주인 甲은 현재 독점적으로 전기를 공급하고 있는 전기판매사업자 S와 전기공급계약을 체결하고 전기를 공급받는 전기사용자이다. S는 甲에게 2016. 7. 3.부터 같은 해 8. 2.까지 甲 가구가 사용한 525kWh의 전기에 대해 131,682원의 전기요금을 부과하였다. 이에 대해 S가 비용을 자의적으로 분류하여 전기요금을 부당하게 산정하였음이 판명되었다. 이에 허가권자는 전기위원회 소속 공무원 丙으로 하여금 그 확인을 위하여 필요한 조사를 지시하였고, 丙은 사실조사를 통해 부당한 전기요금 산정을 확인하였다. 이에 허가권자는 전기사업법령이 정하는 바에 따라 S의 매출액의 100분의 4에 해당하는 금액의 과징금부과처분을 하였다.

만약 과징금 액수가 과하게 책정되었음을 이유로 S가 과징금부과처분 취소심판을 제기하였다면, 행정심판위원회가 할 수 있는 재결을 검토하시오. (20점)

Ⅰ 사례의 논점

행정심판위원회가 과징금부과처분의 취소심판을 인용하는 경우 취소심판의 인용재결의 종류가
문제된다.

Ⅱ 취소심판의 인용재결

1. 종류

위원회는 취소심판의 청구가 이유가 있다고 인정하면 처분을 취소 또는 다른 처분으로 변경하거
나 처분을 다른 처분으로 변경할 것을 피청구인에게 명한다.

2. 전부취소와 일부취소

위원회는 처분을 취소하는 경우 전부취소할 수도 있고 가분성이 있는 경우 일부취소를 할 수도
있다.

Ⅲ 사정재결

1. 의의

행정심판위원회는 심판청구가 이유가 있다고 인정하는 경우에도 이를 인용하는 것이 공공복리에
크게 위배된다고 인정하면 그 심판청구를 기각하는 재결을 할 수 있는데 이를 사정재결이라 한다.

2. 주문에 위법·부당 명시

행정심판위원회는 재결의 주문에 그 처분 또는 부작위가 위법하거나 부당하다는 것을 구체적으로
밝혀야 한다.

3. 사정재결에 대한 구제조치

행정심판위원회는 사정재결을 할 때에는 청구인에 대하여 상당한 구제방법을 취하거나 상당한 구
제방법을 취할 것을 피청구인에게 명할 수 있다.

4. 직권에 의한 사정재결

사정재결에 관하여는 당사자의 명백한 주장이 없는 경우에도 기록에 나타난 여러 사정을 기초로
직권으로 판단할 수 있다는 것이 판례이다.

5. 적용범위

취소심판과 의무이행심판에서 인정되고, 무효등확인심판에서는 인정되지 않는다.

Ⅳ **설문의 해결**

① 위원회는 과징금부과처분이 과다한 경우 전부취소재결을 할 수도 있고 일부취소도 가능하다.

② 과징금부과처분을 취소하더라도 공공복리에 크게 위배되는 것은 아니므로 사정재결은 인정되지 않는다고 본다.

2020년 제8회 행정사 기출

甲은 관할 행정청인 A시장에게 노래연습장업의 등록을 하고 그 영업을 영위해 오고 있다. 甲은 2020. 3. 5. 13:30경 영업장소에 청소년을 출입시켜 주류를 판매·제공하였다는 이유로 단속에 적발되었다. A시장은 사전통지 절차를 거친 후 2020. 4. 8. 甲에 대한 3개월의 영업정지처분의 통지서를 송달하였고, 甲은 다음 날 처분 통지서를 수령하였다. 통지서에는 "처분이 있음을 안 날부터 120일 이내에 B행정심판위원회에 행정심판을 제기할 수 있다"라고 청구기간이 잘못 기재되어 있었다. 甲은 해당 처분이 자신의 위반행위에 비하여 과중한 제재처분이라고 주장하면서 A시장을 피청구인으로 하여 B행정심판위원회에 2020. 8. 3. 취소심판을 제기하였다. 다음 물음에 답하시오. (40점)

물음 2) B행정심판위원회가 A시장의 영업정지 처분이 비례원칙에 위반하여 위법하다고 판단하는 경우 어떤 종류의 재결을 할 수 있는지 논하시오. (단, 취소심판의 청구요건을 모두 갖추었다고 가정한다.) (20점)

---

1. 사례의 논점

B행정심판위원회가 A시장의 영업정지 처분에 대해 인용하는 경우 취소심판의 인용재결의 종류가 문제된다.

2. 설문의 해결

① 위원회는 甲에 대한 3개월의 영업정지처분이 비례원칙을 위반한 경우 전부취소재결을 할 수도 있고 일부취소도 가능하다.

② 위원회는 A시장에 대해 甲에 대한 3개월의 영업정지처분을 다른 처분으로 변경하도록 명할 수도 있다.

③ 현행 「행정심판법」상 취소명령재결은 인정되지 않는다.

④ 甲에 대한 3개월의 영업정지처분을 취소하더라도 공공복리에 크게 위배되는 것은 아니므로 사정재결은 인정되지 않는다.

≫ 사례 35

> **쟁점 : 사정재결**
>
> 甲은 자신의 토지에 대한 재개발을 반대하고 있었는데, 재개발조합설립에 대해 관할행정청인 구청장의 인가가 나온 것을 확인하고 이에 대해 취소심판을 준비 중이다. 甲은 개발사업을 진행하던 중에 토지소유자의 동의를 검토해 본 결과 일부 토지소유자들의 인감증명서 등이 첨부되어 있지 않은 것을 보고 재개발조합설립인가가 위법하다는 것을 알게 되었다. 甲은 이에 대해 조합설립인가취소심판을 청구하였고, 행정심판위원회는 재개발조합설립인가는 위법한 인가이지만 이를 취소하는 것은 공공복리에 맞지 않다고 하여 직권으로 사정재결로 기각하였다.
>
> 행정심판위원회의 직권에 의한 사정재결은 정당한가? (20점)

Ⅰ 사례의 논점

행정심판위원회의 직권에 의한 사정재결이 정당한 것인지 사정재결의 요건과 관련하여 문제된다.

Ⅱ 사정재결

1. 의의

행정심판위원회는 심판청구가 이유가 있다고 인정하는 경우에도 이를 인용하는 것이 공공복리에 크게 위배된다고 인정하면 그 심판청구를 기각하는 재결을 할 수 있는데 이를 사정재결이라 한다.

2. 주문에 위법·부당 명시

행정심판위원회는 재결의 주문에 그 처분 또는 부작위가 위법하거나 부당하다는 것을 구체적으로 밝혀야 한다.

3. 사정재결에 대한 구제조치

행정심판위원회는 사정재결을 할 때에는 청구인에 대하여 상당한 구제방법을 취하거나 상당한 구제방법을 취할 것을 피청구인에게 명할 수 있다.

4. 직권에 의한 사정재결

사정재결에 관하여는 당사자의 명백한 주장이 없는 경우에도 기록에 나타난 여러 사정을 기초로 직권으로 판단할 수 있는 것이나, 그 요건인 현저히 공공복리에 적합하지 아니한지 여부는 위법한 행정처분을 취소·변경하여야 할 필요와 그 취소·변경으로 인하여 발생할 수 있는 공공복리에 반하는 사태 등을 비교·교량하여 판단하여야 한다.

5. 적용범위

취소심판과 의무이행심판에서 인정되고, 무효등확인심판에서는 인정되지 않는다.

Ⅲ 설문의 해결

재개발조합설립인가에 하자가 있다고 하더라도, 그 처분을 취소하는 것은 현저히 공공복리에 적합하지 않는 경우에는 행정심판위원회가 직권으로 사정재결하는 것은 정당하다. 다만, 요건인 현저히 공공복리에 적합하지 아니한지 여부는 위법한 행정처분을 취소·변경하여야 할 필요와 그 취소·변경으로 인하여 발생할 수 있는 공공복리에 반하는 사태 등을 비교·교량하여 판단하여야 한다.

≫ 사례 36

> **쟁점 : 사정재결**
>
> 서울 乙구청장은 주택개량재개발지구인 서울 ○○구 (주소 생략) 일대의 토지소유자 3/4 이상이 동의를 하여 요건이 충족된다는 이유로 주택재건축조합설립과 사업시행계획에 대해서 인가를 하였고 공사가 상당 부분 진행되었다. 그런데 동의자로 집계된 토지소유자 중 15명과, 건축물소유자 중 19명은 이 사건 인가처분이 있기 전 乙구청장에게 내용증명우편 또는 통고서 형식을 빌어 서면으로 이들이 원래 한 동의를 철회한다는 의사표시를 하였다. 현재 토지소유자와 건물소유자의 90%는 재개발지구에서 퇴거하여 이주한 상태이다. 재개발을 반대하는 甲은 이를 발견하고 乙구청장의 주택재건축조합설립과 사업시행계획에 대한 인가처분은 토지소유자의 동의요건을 충족하지 아니하여 위법하다는 이유로 취소심판을 청구하였다.
> 乙구청장의 주택재건축조합설립과 사업시행계획에 대해서 인가처분이 위법한 경우 사정재결이 가능할 것인지 논하시오. (20점)

Ⅰ 사례의 논점

乙구청장의 주택재건축조합설립과 사업시행계획인가처분이 위법한 경우 사정재결과 관련해서 공공복리에 크게 위배될 것인지 문제된다.

Ⅱ 사정재결

1. 의의

위원회는 심판청구가 이유가 있다고 인정하는 경우에도 이를 인용하는 것이 공공복리에 크게 위배된다고 인정하면 그 심판청구를 기각하는 재결을 할 수 있는데 이를 사정재결이라 한다.

2. 사정재결의 요건

① 처분 또는 부작위의 취소나 이행을 구하는 청구일 것, ② 청구가 이유 있다고 인정하는 경우일 것, ③ 인용재결을 하는 것이 공공복리에 크게 위배될 것을 요건으로 한다.

3. 위법 · 부당의 명시

위원회는 재결의 주문에서 그 처분 또는 부작위가 위법하거나 부당하다는 것을 구체적으로 밝혀야 한다.

4. 사정재결에 대한 구제조치

위원회는 사정재결을 할 때에는 청구인에 대하여 상당한 구제방법을 취하거나 상당한 구제방법을 취할 것을 피청구인에게 명할 수 있다.

5. 적용범위

사정재결은 취소심판과 의무이행심판에 인정되고, 무효등확인심판에는 적용하지 아니한다.

Ⅲ 설문의 해결

재개발조합설립 및 사업시행인가처분이 처분 당시 법정요건인 토지 및 건축물 소유자 총수의 각 4분의 3 이상의 동의를 얻지 못하여 위법하나, 그 후 90% 이상의 소유자가 이주하여 재개발사업의 속행을 바라고 있어 재개발사업의 공익 목적에 비추어 그 처분을 취소하는 것은 현저히 공공복리에 적합하지 아니하므로 사정재결이 가능하다고 본다.

> **참조 판례**
>
> 재개발조합설립 및 사업시행인가처분이 처분 당시 법정요건인 토지 및 건축물 소유자 총수의 각 3분의 2 이상의 동의를 얻지 못하여 위법하나, 그 후 90% 이상의 소유자가 재개발사업의 속행을 바라고 있어 재개발사업의 공익목적에 비추어 그 처분을 취소하는 것은 현저히 공공복리에 적합하지 아니하다고 인정하여 사정판결을 한 사례(대판 1995.7.28. 95누4629)

2013년 제1회 행정사 기출

도시개발사업의 시행자인 A는 개발 구역 내 토지가격을 평가함에 있어 반드시 거쳐야 하는 절차인 토지평가협의회의 심의를 거치지 아니하고 토지가격을 평가하였고, 관할 행정청은 이에 근거하여 환지예정지 지정처분을 내렸다. 처분을 받은 甲은 절차상 하자를 이유로 처분의 취소를 구하는 행정심판을 청구하고자 한다. 그런데 이 처분의 기초가 된 가격평가의 내용은 적정하였을 뿐만 아니라 환지예정지 지정처분을 받은 이해관계인들 중 甲을 제외하고는 아무도 이에 불복하지 않고 있다. 또한 만약 이 처분이 취소될 경우 다른 이해관계인들에 대한 환지예정지 지정처분까지도 변경되어 사실관계가 매우 복잡해짐으로써 사회적 혼란이 발생할 수 있게 된다. 甲의 청구가 인용될 수 있는지에 관하여 논하시오. (40점)

1. **사례의 논점**

   甲의 청구의 인용가능성과 관련해서 ① 환지예정지 지정처분이 절차상 하자로서 위법한 처분인지, ② 이에 대해 사정재결이 인정될 수 있을 것인지 문제된다.

2. **설문의 해결**

   개발 구역 내 토지가격을 평가함에 있어 반드시 거쳐야 하는 절차인 토지평가협의회의 심의를 거치지 아니하고 토지가격을 평가한 것을 근거로 이루어진 환지예정지 지정처분은 절차상의 위법에 해당하므로 인용재결이 가능하지만, 환지예정지 지정처분이 취소될 경우 다른 이해관계인들에 대한 환지예정지 지정처분까지도 변경되어 사실관계가 매우 복잡해짐으로써 사회적 혼란이 발생할 수 있으므로 사정재결이 인정될 수 있다.

》사례 37

> **쟁점 : 재결의 기속력**
>
> 甲은 학교시설로 도시계획시설이 결정되어 있는 부지를 취득한 후 그 지상에 가설건축물 건축허
> 가를 받고 옥외골프연습장을 축조하여 이를 운영하여 오던 중, 서울특별시장 乙에게 부지에 관하
> 여 도시계획시설(학교)결정을 폐지하고 가설건축물의 건축용도를 유지하는 지구단위계획입안을
> 청구했으나 서울특별시장 乙은 이를 거부하였다. 이에 대해 중앙행정심판위원회에 거부처분의
> 취소심판을 청구하여 취소재결이 있었으나, 서울특별시장 乙은 새로운 재량고려사유를 들어 도
> 시계획시설(학교)결정을 폐지하고, 위 부지를 특별계획구역으로 지정하는 내용의 도시관리계획
> 결정을 하였다.
> 서울특별시장 乙의 특별계획구역으로 지정하는 내용의 도시관리계획결정은 정당한가? (20점)

Ⅰ 사례의 논점

서울특별시장 乙의 특별계획구역으로 지정하는 도시관리계획결정이 중앙행정심판위원회의 취소
재결의 기속력에 위반되는지 문제된다.

Ⅱ 재결의 기속력의 내용

1. 의의

① 피청구인인 행정청이나 관계행정청으로 하여금 재결의 취지에 따라 행동할 의무를 발생시키
   는 효력을 재결의 기속력이라 한다.
② 인용재결에서 인정되고 기각재결에서는 인정되지 않는다.

2. 내용

(1) 반복금지의무(부작위 의무)

① 인용재결의 내용에 모순되는 내용의 동일한 처분을 동일한 사실관계하에서 반복할 수 없다.
② 재결에 적시된 위법사유를 시정·보완한 처분이라면 재결의 기속력에 저촉되지 않는다.

(2) 재처분의무(적극적 의무)

① 거부처분이 취소되거나 무효 또는 부존재로 확인되는 경우 행정청은 재결의 취지에 따라 다시
   이전의 신청에 대한 처분을 하여야 한다.
② 거부하거나 부작위로 방치한 처분의 이행을 명하는 재결이 있으면 행정청은 지체 없이 이전의
   신청에 대하여 재결의 취지에 따라 처분을 하여야 한다.

(3) 결과제거의무(원상회복의무)

처분의 취소재결 또는 무효확인재결이 있는 경우 행정청은 본래의 처분에 의해 발생한 상태를 제
거할 의무를 진다.

3. 동일한 사유인지의 판단기준

동일한 사유인지 다른 사유인지는 종전 처분에 관하여 위법한 것으로 재결에서 판단된 사유와 기
본적 사실관계에서 동일성이 인정되는 사유인지 여부에 따라 판단하는 것이 판례이다.

Ⅲ 기속력의 범위

1. 주관적 범위

피청구인인 행정청과 그 밖의 관계행정청을 기속한다.

2. 객관적 범위

재결의 주문 및 그 전제가 되는 요건사실의 인정과 효력의 판단에만 미친다.

3. 시간적 범위

취소재결의 경우 처분시를 기준으로, 의무이행재결의 경우 재결시의 사실관계나 법령을 전제로 기속력이 발생한다.

Ⅳ 설문의 해결

주민 등의 도시관리계획 입안 제안을 거부한 처분을 이익형량에 하자가 있어 위법하다고 판단하여 취소하는 재결이 확정되었더라도 행정청에게 그 입안 제안을 그대로 수용하는 내용의 도시관리계획을 수립할 의무가 있다고는 볼 수 없고, 행정청이 다시 새로운 이익형량을 하여 적극적으로 도시관리계획을 수립하였다면 취소판결의 기속력에 따른 재처분의무를 이행한 것이라고 보아야 한다.

≫ 사례 38

> **쟁점 : 재결의 기속력**
>
> 甲은 자신 소유의 토지에 숙박업을 위한 건축을 하기 위해 건축허가를 신청하였으나 군수 乙은 이를 거부하였고, 甲은 군수 乙의 거부처분에 대해 취소심판을 청구하여 취소재결을 받았다. 그 런데 군수 乙은 건축불허가처분을 취소하는 재결이 확정된 후 「국토이용관리법 시행령」이 준농 림지역 안에서의 행위제한에 관하여 지방자치단체의 조례로써 일정 지역에서 숙박업을 영위하기 위한 시설의 설치를 제한할 수 있도록 개정되었고 이에 의해 거부한다고 통지를 하였다.
> 군수 乙이 재차 거부를 한 것은 재결의 기속력에 위반되는가? (20점)

Ⅰ 사례의 논점

군수 乙이 재차거부를 한 것이 기속력에 위반되는지 문제된다.

Ⅱ 기속력의 내용

1. 의의

① 피청구인인 행정청이나 관계행정청으로 하여금 재결의 취지에 따라 행동할 의무를 발생시키는 효력을 재결의 기속력이라 한다.

② 인용재결에서 인정되고 기각재결에서는 인정되지 않는다.

2. 내용

(1) 반복금지의무

① 인용재결의 내용에 모순되는 내용의 동일한 처분을 동일한 사실관계하에서 반복할 수 없다.

② 재결에 적시된 위법사유를 시정·보완한 처분이라면 재결의 기속력에 저촉되지 않는다.

(2) 재처분의무

① 거부처분이 취소되거나 무효 또는 부존재로 확인되는 경우 행정청은 재결의 취지에 따라 다시 이전의 신청에 대한 처분을 하여야 한다.

② 거부하거나 부작위로 방치한 처분의 이행을 명하는 재결이 있으면 행정청은 지체 없이 이전의 신청에 대하여 재결의 취지에 따라 처분을 하여야 한다.

(3) 결과제거의무

처분의 취소재결 또는 무효확인재결이 있는 경우 행정청은 본래의 처분에 의해 발생한 상태를 제거할 의무를 진다.

3. 동일한 사유인지의 판단기준

동일한 사유인지 다른 사유인지는 종전 처분에 관하여 위법한 것으로 재결에서 판단된 사유와 기본적 사실관계에서 동일성이 인정되는 사유인지 여부에 따라 판단하는 것이 판례이다.

Ⅲ 기속력의 범위

1. 주관적 범위

피청구인인 행정청과 그 밖의 관계행정청을 기속한다.

2. 객관적 범위

재결의 주문 및 그 전제가 되는 요건사실의 인정과 효력의 판단에만 미친다.

3. 시간적 범위

취소재결의 경우 처분시를 기준으로, 의무이행재결의 경우 재결시의 사실관계나 법령을 전제로 기속력이 발생한다.

Ⅳ 설문의 해결

군수 乙이 재차 거부를 한 것은 개정된 신법령에서 정한 사유를 들어 새로운 거부처분을 한 것이 므로 재결의 기속력에 위반되지 않고 재결의 취지에 따라 이전의 신청에 대한 처분을 한 경우에 해당한다.

≫ 사례 39

> **쟁점 : 기속력**
>
> 甲은 유한회사로 주택건설회사를 운영하는 자이다. 甲은 임대주택을 건축할 목적으로 주택건설
> 사업계획승인신청을 하였으나 군수 乙은 주택건설사업이 환경, 풍치, 미관 등을 정한 조례에 위
> 반된다는 이유로 이를 거부하였다. 이에 대해 취소심판을 청구하였고, 행정심판위원회는 환경,
> 풍치, 미관 등을 정한 조례에 위반된다는 이유로 이를 거부하는 것은 환경, 풍치, 미관 등의 공익
> 보다는 지역경제 승수효과와 도시서민들을 위한 임대주택 공급이라는 또 다른 공익과 재산권행
> 사의 보장이라는 사익까지 더해 보면 비례원칙에 위반된다고 하여 위법하다는 취소재결을 하였
> 다. 그 후 군수 乙은 주변의 공단대로 및 교통여건상 예정 진입도로계획이 불합리하여 대체 진
> 입도로를 확보하도록 한 보완요구를 이행하지 아니하였다는 이유로 주택건설사업계획승인을
> 반려하였다.
> 군수 乙이 재차 거부를 한 것은 재결의 기속력에 위반되는가? (20점)

Ⅰ 사례의 논점

군수 乙이 재차 거부를 한 이유로 들고 있는 사유가 새로운 사유인지 기속력과 관련해서 문제된다.

Ⅱ 기속력의 내용

1. 의의

① 피청구인인 행정청이나 관계행정청으로 하여금 재결의 취지에 따라 행동할 의무를 발생시키는 효력을 재결의 기속력이라 한다.

② 인용재결에서 인정되고 기각재결에서는 인정되지 않는다.

2. 내용

(1) 반복금지의무

① 인용재결의 내용에 모순되는 내용의 동일한 처분을 동일한 사실관계하에서 반복할 수 없다.

② 재결에 적시된 위법사유를 시정·보완한 처분이라면 재결의 기속력에 저촉되지 않는다.

(2) 재처분의무

① 거부처분이 취소되거나 무효 또는 부존재로 확인되는 경우 행정청은 재결의 취지에 따라 다시 이전의 신청에 대한 처분을 하여야 한다.

② 거부하거나 부작위로 방치한 처분의 이행을 명하는 재결이 있으면 행정청은 지체 없이 이전의 신청에 대하여 재결의 취지에 따라 처분을 하여야 한다.

(3) 결과제거의무

처분의 취소재결 또는 무효확인재결이 있는 경우 행정청은 본래의 처분에 의해 발생한 상태를 제거할 의무를 진다.

3. 동일한 사유인지의 판단기준

동일한 사유인지 다른 사유인지는 종전 처분에 관하여 위법한 것으로 재결에서 판단된 사유와 기본적 사실관계에서 동일성이 인정되는 사유인지 여부에 따라 판단하는 것이 판례이다.

Ⅲ 기속력의 범위

1. 주관적 범위

피청구인인 행정청과 그 밖의 관계행정청을 기속한다.

2. 객관적 범위

재결의 주문 및 그 전제가 되는 요건사실의 인정과 효력의 판단에만 미친다.

3. 시간적 범위

취소재결의 경우 처분시를 기준으로, 의무이행재결의 경우 재결시의 사실관계나 법령을 전제로 기속력이 발생한다.

Ⅳ 설문의 해결

군수 乙이 재차 거부를 한 사유가 재결에서 밝힌 동일한 사유인가 아닌가는 종전 처분에 관하여 위법한 것으로 재결에서 판단된 사유와 기본적 사실관계에 있어 동일성이 인정되는 사유인지 여부에 따라 판단되어야 한다. 주변의 공단대로 및 교통여건상 예정 진입도로계획이 불합리하여 대체 진입도로를 확보하도록 한 보완요구를 이행하지 아니하였다는 이유로 주택건설사업계획승인을 반려하는 기본적 사실관계의 동일성이 인정되지 않으므로 재결의 기속력에 위반되지 않는다.

≫ 사례 40

> **쟁점 : 기속력**
>
> 甲은 시장 乙에게 임대주택 공급을 위하여 주택사업계획승인을 신청하였다. 이에 시장 乙은 甲이 신청한 주택사업계획승인에 대해 주택사업이 주변의 환경, 풍치, 미관 등을 해할 우려가 있다는 이유로 이를 거부하였다. 이에 대해 甲은 거부처분의 취소를 구하는 중앙행정심판위원회에 취소 심판을 청구하였다. 중앙행정심판위원회는 甲이 신청한 사업이 환경, 풍치, 미관 등을 정한 서울 특별시 건축조례에 위반되지 않고, 환경·풍치·미관 등을 유지하여야 하는 공익보다는 이 사건 사업으로 인한 지역경제 승수효과와 도시서민들을 위한 임대주택 공급이라는 또 다른 공익과 재산권행사의 보장이라는 사익까지 더해 보면 시장 乙의 처분은 비례의 원칙에 위배되어 재량권을 남용하였다는 이유로 시장 乙의 거부는 위법하다는 취소재결을 하였다. 이후 시장 乙이 甲의 주택사업계획승인 신청에 대해 공단대로 및 교통여건상 예정 진입도로계획이 불합리하여 대체 진입도로를 확보하도록 보완요구를 하였고 甲이 이를 이행하지 아니하였다는 이유로 주택사업계획 승인 신청을 반려한다면 이는 취소재결의 기속력에 위반되는가? (20점)

Ⅰ 사례의 논점

시장 乙의 甲이 보완요구를 이행하지 않는다는 이유로 한 주택사업계획승인 신청 반려처분이 취소재결의 사유와 관련하였을 때 기속력의 객관적 범위가 문제된다.

Ⅱ 재결의 기속력의 내용

1. 의의

① 피청구인인 행정청이나 관계행정청으로 하여금 재결의 취지에 따라 행동할 의무를 발생시키는 효력을 재결의 기속력이라 한다.

② 인용재결에서 인정되고 기각재결에서는 인정되지 않는다.

2. 내용

⑴ 반복금지의무(부작위의무)

① 인용재결의 내용에 모순되는 내용의 동일한 처분을 동일한 사실관계하에서 반복할 수 없다.

② 재결에 적시된 위법사유를 시정·보완한 처분이라면 재결의 기속력에 저촉되지 않는다.

⑵ 재처분의무(적극적 의무)

① 거부처분이 취소되거나 무효 또는 부존재로 확인되는 경우 행정청은 재결의 취지에 따라 다시 이전의 신청에 대한 처분을 하여야 한다.

② 거부하거나 부작위로 방치한 처분의 이행을 명하는 재결이 있으면 행정청은 지체 없이 이전의 신청에 대하여 재결의 취지에 따라 처분을 하여야 한다.

⑶ 결과제거의무(원상회복의무)

처분의 취소재결 또는 무효확인재결이 있는 경우 행정청은 본래의 처분에 의해 발생한 상태를 제거할 의무를 진다.

3. 동일한 사유인지의 판단기준

동일한 사유인지 다른 사유인지는 종전 처분에 관하여 위법한 것으로 재결에서 판단된 사유와 기본적 사실관계에서 동일성이 인정되는 사유인지 여부에 따라 판단하는 것이 판례이다.

Ⅲ 기속력의 범위

1. 주관적 범위

피청구인인 행정청과 그 밖의 관계행정청을 기속한다.

2. 객관적 범위

재결의 주문 및 그 전제가 되는 요건사실의 인정과 효력의 판단에만 미친다.

3. 시간적 범위

취소재결의 경우 처분시를 기준으로, 의무이행재결의 경우 재결시의 사실관계나 법령을 전제로 기속력이 발생한다.

Ⅳ 설문의 해결

시장 乙이 甲의 주택사업계획승인 신청에 대해 공단대로 및 교통여건상 예정 진입도로계획이 불합리하여 대체 진입도로를 확보하도록 보완요구를 하였고 甲이 이를 이행하지 아니하였다는 이유로 주택사업계획승인 신청을 반려하는 것은, 환경·풍치·미관 등을 유지하여야 하는 공익을 이유로 이를 반려하는 것은 비례원칙에 위반된다는 취소재결의 판단사유와 기본적 사실관계를 달리하므로 재결의 기속력에 위반되지 않는다.

≫ 사례 41

쟁점 : 재결의 기속력

甲은 2023. 5.경 준공된 아파트 상가를 분양받은 자로 영업을 개시하고자 하였으나, 현재 불법노점상 17개 정도가 상가 앞 인도와 도로에 불법으로 시설물을 설치하여 배타적으로 사용 중으로 사람들이 상가로 진입하는 것이 현실적으로 불가능할 뿐만 아니라 상가가 전면으로 가려짐으로써 사실상 영업활동이 불가능한 지경에 이르렀다. 甲은 시장 乙에게 불법노점상 철거를 위한 행정조치를 하라는 이행청구를 하였고 시장 乙은 향후 도시정비계획을 준비 중이니 기다리라며 아무런 조치도 취하지 않았고, 수차례 진행한 협의가 결렬되었음에도 아직까지 불법노점상 철거를 위한 아무런 대책을 세우지 않고 있다. 이에 甲은 불법노점상이 상가 앞 인도와 도로를 배타적으로 점유하는 것은 「도로법」 제61조를 위반한 불법행위에 해당되고 상가 앞 인도와 도로를 불법 점유·사용하는 노점상은 甲뿐만 아니라 인접 주민에게 상당한 위해를 가하고 있으므로 시장 乙이 아직까지 불법노점상에 대한 아무런 조치를 취하지 아니한 것은 위법하다는 이유로 의무이행심판을 청구하였다. 행정심판위원회가 시장 乙이 불법노점상에 대한 아무런 조치를 취하지 않는 것은 위법하므로 이에 대해 2024. 7. 6.까지 불법노점상에 대한 행정조치를 이행하라는 재결을 한 경우 시장 乙은 노점상들에 대해 철거대집행을 해야 하는지 설명하시오. (20점)

Ⅰ 사례의 논점

행정심판위원회의 의무이행재결에 대해 시장 乙의 재처분의무를 부담한다. 재처분의무의 내용과 관련해서 시장 乙이 철거대집행을 해야 할 의무가 발생하는지 문제된다.

Ⅱ 의무이행명령재결의 기속력

1. 기속력의 의의

피청구인인 행정청이나 관계행정청으로 하여금 재결의 취지에 따라 행동할 의무를 발생시키는 효력을 기속력이라 한다.

2. 내용

(1) 반복금지의무

① 인용재결의 내용에 모순되는 내용의 동일한 처분을 동일한 사실관계하에서 반복할 수 없다.
② 재결에 적시된 위법사유를 시정·보완한 처분이라면 재결의 기속력에 저촉되지 않는다.

(2) 재처분의무

① 거부처분이 취소되거나 무효 또는 부존재로 확인되는 경우 행정청은 재결의 취지에 따라 다시 이전의 신청에 대한 처분을 하여야 한다.
② 거부하거나 부작위로 방치한 처분의 이행을 명하는 재결이 있으면 행정청은 지체 없이 이전의 신청에 대하여 재결의 취지에 따라 처분을 하여야 한다.

(3) 결과제거의무

처분의 취소재결 또는 무효확인재결이 있는 경우 행정청은 본래의 처분에 의해 발생한 상태를 제거할 의무를 진다.

3. 동일한 사유인지의 판단기준

동일한 사유인지 다른 사유인지는 종전 처분에 관하여 위법한 것으로 재결에서 판단된 사유와 기본적 사실관계에서 동일성이 인정되는 사유인지 여부에 따라 판단하는 것이 판례이다.

Ⅲ 처분명령재결에 따른 재처분의무

1. 특정처분명령재결

특정처분명령재결은 피청구인이 해야 할 처분의 내용이 특정되어 있으므로 그 내용대로 처분을 하여야 한다.

2. 단순처분명령재결

단순처분명령재결의 경우에는 피청구인은 반드시 청구인이 신청한 내용대로 처분을 해야 하는 것은 아니고, 재결의 취지에 따라 재처분을 하면 된다.

Ⅳ 설문의 해결

물음에서 인용재결의 취지가 시장 乙이 불법노점상에 대한 아무런 조치를 취하지 않는 것이 위법하다는 것이므로 시장 乙은 불법노점상에 대한 일정한 조치를 취할 의무가 있고 반드시 행정대집행을 통해 철거를 해야 할 의무를 부담한다고 볼 수 없다.

2018년 제6회 행정사 기출

A시는 영농상 편의를 위해 甲의 토지와 인근 토지에 걸쳐서 이미 형성되어 사용되고 있던 자연발생적 토사 구거를 철거하고, 콘크리트U형 수로관으로 된 구거를 설치하는 공사를 완료하였다. 甲은 A시의 공사가 자신의 토지 약 75m²를 침해하였다는 사실을 발견하게 되었다. 이에 甲은 A시에 자신의 토지 약 75m²에 설치되어 있는 구거를 철거하고 자신의 토지 외의 지역에 새로 구거를 설치해달라는 민원을 제기하였다. 다음 물음에 답하시오. (40점)

물음 1) 甲이 제기한 민원에 대해 A시는 甲이 실제로 해당 구거에 의하여 상당한 영농상의 이득을 향유하고 있으며 구거를 새로 설치하려면 많은 예산이 소요된다는 이유로 甲의 청구를 거부하는 처분을 하였다. 만약 甲이 A시의 거부처분에 대한 취소심판을 제기하여 인용재결을 받았다면, A시는 전혀 다른 사유를 들어 甲의 청구에 대하여 다시 거부처분을 할 수 있는지를 논하시오. (20점)

1. 사례의 논점

A시가 전혀 다른 사유를 들어 甲의 청구에 대하여 다시 거부처분을 하는 것이 기속력에 위반되는지 문제된다.

2. 설문의 해결

A시의 거부처분에 대한 인용재결의 기속력은 거부처분 당시의 위법·부당한 사유에 관해 재결의 주문 및 그 전제가 되는 요건사실의 인정과 효력의 판단에만 미치므로 A시는 재결에서 밝힌 사유와 전혀 다른 사유로 다시 거부처분을 할 수 있다.

2022년 제10회 행정사 기출

甲은 '사실상의 도로'로서 인근 주민들의 통행로로 이용되고 있는 토지(이하 '이 사건 토지'라 한다)를 매수한 다음 관할 구청장 乙에게 그 지상에 주택을 신축하겠다는 내용의 건축허가를 신청하였으나, 乙은 '위 토지가 「건축법」상 도로에 해당하여 건축을 허용할 수 없다'는 사유로 건축허가를 거부하였다. 이에 甲은 위 거부행위에 대해 취소심판청구 및 집행정지신청을 하였다. 다음 물음에 답하시오. (40점)

물음 2) 이 사건 토지는 「건축법」상 도로에 해당하지 않는다는 이유로 행정심판위원회가 甲의 취소심판청구를 인용하는 재결을 하자 乙은 '이 사건 토지는 인근 주민들의 통행에 제공된 사실상의 도로인데 그 지상에 주택을 건축하여 주민들의 통행을 막는 것은 사회공동체와 인근주민들의 이익에 반하므로, 甲이 신청한 주택 건축을 허용할 수 없다'는 이유로 다시 건축허가를 거부하였다. 위 재결에도 불구하고 乙이 다시 건축허가를 거부한 것은 적법한가? (20점)

1. 사례의 논점

乙이 다시 건축허가를 거부할 수 있는지 재결의 기속력과 관련해서 문제된다.

2. 설문의 해결

위원회가 이 사건 토지는 「건축법」상 도로에 해당하지 않는다는 이유로 인용재결을 한 것은 乙에 대해 기속력이 발생하므로 乙이 사실상의 도로로서 건축허가를 거부하는 것은 기본적 사실관계가 동일한 것으로 기속력에 위반되어 허용되지 않는다.

2024년 제12회 행정사 기출

甲은 자신이 소유한 토지에 주택을 건축하기 위하여 관할 행정청인 구청장 乙에게 토지형질변경허가를 신청하였으나 乙은 이 토지가 지형조건 등에 비추어 주택을 건축하기에 매우 부적합하다는 점을 이유로 허가를 거부하였다. 다음 물음에 답하시오. (40점)

물음 2) 甲은 위 거부행위에 대하여 관할 행정심판위원회에 행정심판을 제기하였고 그 결과 인용재결이 내려졌다. 그런데 乙은 이 토지는 도시계획변경을 추진 중이므로 공공목적상 원형유지의 필요가 있는 지역으로서 법령에서 정하고 있는 다른 불허가 사유에 해당한다는 이유로 다시 불허가 처분을 하였다. 乙에 대한 거부행위가 법적으로 정당한지를 설명하시오. (20점)

---

1. 사례의 논점

거부처분에 대해 인용재결이 있은 후 새로운 사유를 들어 다시 불허가 처분을 하는 것이 인용재결의 기속력에 위반되는지 문제된다.

2. 설문의 해결

이 토지가 지형조건 등에 비추어 주택을 건축하기에 매우 부적합하다는 점을 이유로 허가를 거부한 사유와 토지는 도시계획변경을 추진 중이므로 공공목적상 원형유지의 필요가 있는 지역으로서 법령에서 정하고 있는 다른 불허가 사유에 해당한다는 이유는 기본적 사실관계의 동일성이 인정되지 않고 재결에서 밝힌 사유가 아닐 것이므로 乙의 거부행위는 기속력에 위반되지 않는다.

≫ 사례 42

> **쟁점 : 직접처분**
>
> 甲은 근린공원 내에 골프연습장을 설치·관리하기 위한 도시계획사업시행자지정신청(이하 '시행
> 자지정처분'이라 한다)을 서울특별시장에게 하였다. 이에 서울특별시장은 甲에게 9개 항목의 보
> 완요구를 하고 이를 이행하지 않는다는 이유로 반려처분을 하였다. 甲은 이 반려처분에 대해 골
> 프연습장시행자지정처분의 이행을 구하는 행정심판청구를 하였고, 중앙행정심판위원회는 서울
> 특별시장의 반려처분은 부당하다는 이유로 인용재결로서 서울특별시장에게 이행명령재결을 하
> 였다. 위와 같은 인용재결이 있었음에도 불구하고 서울특별시장이 도시계획사업시행자지정처분
> 을 하지 아니하자 甲은 인용재결의 이행신청을 하였고 중앙행정심판위원회는 두차례에 걸쳐 시
> 정명령을 하였으나 서울특별시장은 이에 응하지 아니하였다. 결국 중앙행정심판위원회는 직접처
> 분을 하기로 하고 도시계획위원회의 의결을 거쳐 ① 골프연습장시행자지정 ② 공원구역 내의 진
> 입도로 ③ 공원구역 외의 이 사건 진입도로에 관한 도시계획사업시행자지정처분을 하였다. (이
> 중 ②, ③은 이행명령재결의 주문에는 명시되어 있지 않다.)
> 이행명령재결의 주문에 명시되어 있지 않은 진입도로에 대한 직접처분은 효력이 인정될 수 있는
> 가? (20점)

01

Ⅰ 사례의 논점

진입도로에 대한 도시계획사업시행자지정처분이 이행명령의 재결에 명시되어 있지 않다는 점에서 중앙행정심판위원회가 직접처분을 할 수 있는 범위가 문제된다.

Ⅱ 행정심판위원회의 직접처분

1. 의의

행정청이 처분명령재결의 취지에 따라 이전의 신청에 대한 처분을 하지 아니하는 때에 위원회가 당해 처분을 직접 행하는 것을 말한다.

2. 요건

(1) 적극적 요건

① 처분이행명령재결이 있을 것, ② 위원회가 당사자의 신청에 따라 기간을 정하여 시정을 명할 것, ③ 해당 행정청이 그 기간 내에 시정명령을 이행하지 아니하였을 것을 요건으로 한다.

(2) 소극적 요건

처분의 성질이나 그 밖의 불가피한 사유로 위원회가 직접처분을 할 수 없는 경우에는 직접처분이 허용되지 않는다.

Ⅲ 직접 처분의 범위

1. 재결의 기속력의 객관적 범위

재결의 기속력은 재결의 주문 및 재결이유 중 그 전제가 된 요건사실의 인정과 판단, 즉 처분 등의 구체적 위법사유에 관한 판단에만 미친다는 것이 판례이다. 재결의 결론과 직접 관련이 없는 방론이나 간접사실에 대한 판단에는 기속력이 미치지 않는다.

2. 사안의 경우

사례에서 진입도로의 지정처분이 골프연습장시행자지정처분의 이행명령재결에서 반려처분의 위법사유로 판단이 되었는가에 따라 결론이 달라진다. 구체적인 위법사유로 판단이 되었다면 직접 처분의 대상이 될 수 있겠지만, 구체적인 위법사유로 판단이 되지 않았다면 직접처분은 위법하게 된다.

Ⅳ 설문의 해결

甲이 시장에게 신청한 것은 근린공원 내에 골프연습장을 설치·관리하기 위한 도시계획사업시행자지정신청이었고, 중앙행정심판위원회의 이행명령재결도 사업시행자지정을 이행명령한 재결이었다는 점에서 진입도로의 지정처분은 이행명령재결의 대상이 아니었다고 보인다. 중앙행정심판위원회의 진입도로의 지정처분은 직접처분의 범위 밖으로 시장의 권한에 속하는 처분을 한 것으로, 당연무효인 처분으로 봐야 한다.

》》 사례 43

> **쟁점 : 재결의 이행강제**
>
> 甲은 교육부장관 乙에게 '2002학년도부터 2005학년도까지의 대학수학능력시험 원데이터'(학교별 데이터 포함, 개인 식별 데이터는 제외)의 정보공개를 청구하였다. 교육부장관 乙은 이를 공개하는 경우 학교의 서열화와 개인의 사생활의 침해가 있을 거라는 이유로 이를 거부하였다. 이에 甲은 중앙행정심판위원회에 정보공개의 이행을 구하는 의무이행심판을 청구하였고 중앙행정심판위원회는 개인 식별 테이터가 제외되어 있으므로 개인의 사생활의 침해가 없고 학교의 서열화에도 문제가 되지 않는다는 점을 들어 정보공개의무이행을 명하는 재결을 하였다. 그러나 교육부장관 乙은 정보공개를 하고 있지 않다.
>
> 甲이 이에 대해서 「행정심판법」상 재결의 이행을 강제할 수 있는 방안은 무엇인가? (20점)

Ⅰ 사례의 논점

의무이행명령재결에 대해 행정청의 부작위가 있는 경우 「행정심판법」상 이행강제수단으로 직접처분과 간접강제가 있다.

Ⅱ 행정심판위원회의 직접처분

1. 의의

행정청이 처분명령재결의 취지에 따라 이전의 신청에 대한 처분을 하지 아니하는 때에 위원회가 당해 처분을 직접 행하는 것을 말한다.

2. 요건

(1) 적극적 요건

① 처분이행명령재결이 있을 것, ② 위원회가 당사자의 신청에 따라 기간을 정하여 시정을 명할 것, ③ 해당 행정청이 그 기간 내에 시정명령을 이행하지 아니하였을 것을 요건으로 한다.

(2) 소극적 요건

처분의 성질이나 그 밖의 불가피한 사유로 위원회가 직접처분을 할 수 없는 경우에는 직접처분이 허용되지 않는다.

Ⅲ 간접강제

1. 의의

행정청의 거부나 부작위에 대한 인용재결에 의해 행정청이 재처분의무를 이행하지 않는 경우 손해배상을 통해 이행을 강제하는 것을 말한다.

2. 요건

① 거부나 부작위에 대한 취소재결 등이나 의무이행명령재결, ② 행정청의 부작위, ③ 청구인의 신청, ④ 위원회의 상당기간 경과에 대한 지연배상 또는 즉시배상명령이 있을 것을 요건으로 한다.

Ⅳ 설문의 해결

중앙행정심판위원회는 해당 정보를 보유하고 있지 않으므로 처분의 성질상 직접처분을 할 수 없고, 직접처분은 재결의 이행강제수단으로 허용되지 않는다. 따라서 甲은 교육부장관의 부작위에 대해 간접강제를 신청하여 재결의 이행을 강제할 수 있다.

≫ 사례 44

쟁점 : 재결의 이행강제

甲은 2023. 5.경 준공된 아파트 상가를 분양받은 자로 영업을 개시하고자 하였으나, 현재 불법노점상 17개 정도가 상가 앞 인도와 도로에 불법으로 시설물을 설치하여 배타적으로 사용 중으로 사람들이 상가로 진입하는 것이 현실적으로 불가능할 뿐만 아니라 상가가 전면으로 가려짐으로써 사실상 영업활동이 불가능한 지경에 이르렀다. 甲은 시장 乙에게 불법노점상 철거를 위한 행정조치를 하라는 이행청구를 하였고 시장 乙은 향후 도시정비계획을 준비 중이니 기다리라며 아무런 조치도 취하지 않았고, 수차례 진행한 협의가 결렬되었음에도 아직까지 불법노점상 철거를 위한 아무런 대책을 세우지 않고 있다. 이에 甲은 불법노점상이 상가 앞 인도와 도로를 배타적으로 점유하는 것은 「도로법」 제61조를 위반한 불법행위에 해당되고 상가 앞 인도와 도로를 불법점유·사용하는 노점상은 甲뿐만 아니라 인접 주민에게 상당한 위해를 가하고 있으므로 시장 乙이 아직까지 불법노점상에 대한 아무런 조치를 취하지 아니한 것은 위법하다는 이유로 의무이행심판을 청구하였다.

시장 乙이 인용재결이 있은 후에도 2024. 7. 7.까지 행정조치를 하지 않는 경우 甲이 「행정심판법」상 취할 수 있는 구제수단을 설명하시오. (20점)

I 사례의 논점

시장 乙의 재처분의무에 대한 이행강제수단으로 「행정심판법」상 위원회의 직접처분과 간접강제가 있다.

II 직접처분

1. 의의

행정청이 처분명령재결의 취지에 따라 이전의 신청에 대한 처분을 하지 아니하는 때에 위원회가 당해 처분을 직접 행하는 것을 직접처분이라 한다.

2. 요건

① 처분이행명령재결이 있었을 것, ② 당사자의 신청이 있을 것, ③ 위원회가 기간을 정하여 시정명령을 하였을 것, ④ 해당 행정청이 그 기간 내에 시정명령을 이행하지 아니하였을 것, ⑤ 위원회가 직접처분을 할 수 없는 경우에 해당하지 않을 것을 요건으로 한다.

3. 인정 여부

불법노점상에 대해 어떠한 행정조치를 할 것인가는 시장 乙의 재량에 속한다고 할 것이고 행정심판위원회의 권한이라 볼 수 없으므로 직접처분으로 행정심판위원회가 행정조치를 취할 수 없다고 보인다.

III 간접강제

1. 의의

행정청의 거부나 부작위에 대한 인용재결에 의해 행정청이 재처분의무를 이행하지 않는 경우 손해배상을 통해 이행을 강제하는 것을 간접강제라 한다.

2. 요건

① 거부나 부작위에 대한 인용재결이 있을 것, ② 청구인의 신청이 있을 것, ③ 피청구인이 상당기간이 경과하도록 이행하지 아니할 것, ④ 위원회의 배상명령이 있을 것을 요건으로 한다.

3. 인정 여부

시장 乙이 인용재결이 있은 후에도 2024. 7. 7.까지 행정조치를 하지 않고 있으므로 甲은 간접강제를 통해 시장 乙의 행정조치에 대한 이행을 강제할 수 있다.

IV 설문의 해결

시장 乙의 재처분의무를 이행하기 위한 수단으로 위원회의 직접처분과 간접강제가 있지만 위원회의 직접처분은 처분의 성질상 인정되지 않는다고 보이며, 간접강제를 통한 이행강제가 가능하다.

≫ 사례 45

쟁점 : 재결의 이행강제

甲은 시장 乙에게 임대주택 공급을 위하여 주택사업계획승인을 신청하였다. 이에 시장 乙은 甲이 신청한 주택사업계획승인에 대해 주택사업이 주변의 환경, 풍치, 미관 등을 해할 우려가 있다는 이유로 이를 거부하였다. 이에 대해 甲은 거부처분의 취소를 구하는 중앙행정심판위원회에 취소 심판을 청구하였다. 중앙행정심판위원회는 甲이 신청한 사업이 환경, 풍치, 미관 등을 정한 서울 특별시 건축조례에 위반되지 않고, 환경·풍치·미관 등을 유지하여야 하는 공익보다는 이 사건 사업으로 인한 지역경제 승수효과와 도시서민들을 위한 임대주택 공급이라는 또 다른 공익과 재 산권행사의 보장이라는 사익까지 더해 보면 시장 乙의 처분은 비례의 원칙에 위배되어 재량권을 남용하였다는 이유로 시장 乙의 거부는 위법하다는 취소재결을 하였다. 시장 乙이 중앙행정심판 위원회의 취소재결 이후에도 주택사업계획승인 신청에 대해 계속 방치하고 있는 경우 甲은 「행 정심판법」상 중앙행정심판위원회에 직접처분과 간접강제를 신청할 수 있는가? (20점)

Ⅰ 사례의 논점

甲이 「행정심판법」상 중앙행정심판위원회에 직접처분과 간접강제를 신청하는 것에 대해서는 각각의 요건에 해당되는지 검토해 본다.

Ⅱ 직접처분

1. 의의

행정청이 처분명령재결의 취지에 따라 이전의 신청에 대한 처분을 하지 아니하는 때에 위원회가 당해 처분을 직접 행하는 것을 직접처분이라 한다.

2. 요건

① 처분이행명령재결이 있었을 것, ② 당사자의 신청이 있을 것, ③ 위원회가 기간을 정하여 시정명령을 하였을 것, ④ 해당 행정청이 그 기간 내에 시정명령을 이행하지 아니하였을 것, ⑤ 위원회가 직접처분을 할 수 없는 경우에 해당하지 않을 것을 요건으로 한다.

3. 인정 여부

중앙행정심판위원의 취소재결에 대해서 시장 乙의 부작위는 직접처분의 대상이 되지 않는다.

Ⅲ 간접강제

1. 의의

행정청의 거부나 부작위에 대한 인용재결에 의해 행정청이 재처분의무를 이행하지 않는 경우 손해배상을 통해 이행을 강제하는 것을 간접강제라 한다.

2. 요건

① 거부나 부작위에 대한 인용재결이 있을 것, ② 청구인의 신청이 있을 것, ③ 피청구인이 상당 기간이 경과하도록 이행하지 아니할 것, ④ 위원회의 배상명령이 있을 것을 요건으로 한다.

3. 인정 여부

시장 乙이 취소재결이 있은 후에도 이를 계속 방치하는 경우 간접강제신청이 가능하다.

Ⅳ 설문의 해결

시장 乙의 재처분의무를 이행하기 위한 수단으로 위원회의 직접처분과 간접강제가 있지만 취소재결의 경우 위원회의 직접처분은 대상이 되지 않으므로 이에 대한 신청은 허용되지 않고, 甲은 간접강제를 신청하여 이를 통한 이행강제가 가능하다.

서울특별시 A구에 거주하는 甲은, 乙의 건축물(음식점 영업과 주거를 함께 하는 건물)이 甲 소유의 주택과 도로에 연접하고 있는데 乙이 건축관계법령을 위반하여 증개축공사를 하였고, 그로 인하여 甲의 집 앞 도로의 통행에 심각한 불편을 초래한다고 주장하면서 A구청을 상대로 지속적으로 민원을 제기하였다. 자신의 민원이 받아들여지지 않자 甲은 자신의 주장의 정당성과 乙이 행한 건축행위의 위법성을 입증하기 위하여 A구청장을 상대로 乙 소유 건축물의 설계도면과 준공검사내역 등의 문서를 공개해달라며 정보공개를 청구하였다. 그러나 A구청장은 해당 정보가 乙의 사생활 및 영업상 비밀보호와 관련된 것임을 이유로 비공개결정하였다. 乙 또한 정보공개를 강력하게 반대하고 있다. 그러나 甲은 이에 불복하여 행정심판을 청구하려고 한다. 다음 물음에 답하시오. (40점)

물음 2) 행정심판의 인용재결에도 불구하고 A구청장이 해당 정보를 공개하지 않는 경우 행정심판위원회가 재결의 구속력을 확보하기 위해 취할 수 있는 방법은 무엇인가? (20점)

---

1. 사례의 논점

인용재결에 대해 기속력을 확보하는 방안으로 위원회의 직접처분과 간접강제가 있다. A구청장의 정보 비공개에 대해 위원회가 직접처분 또는 간접강제를 할 수 있는지 문제된다.

2. 설문의 해결

① 행정심판위원회는 해당 정보를 보유하고 있지 않으므로 처분의 성질상 직접처분을 할 수 없으므로 직접처분은 재결의 이행강제수단으로 허용되지 않는다.

② 행정심판위원회는 A구청장의 비공개에 대해 간접강제를 통해 인용재결의 기속력을 확보할 수 있다.

2023년 제11회 행정사 기출

A시의 공공주택난을 해소하기 위한 청년대상 공공아파트 1개 동을 건설하기 위하여 甲은 시장 乙에게 주택건설사업계획승인신청을 하였다. 이 신청에 대하여 乙은 관계 법령에 따라 아파트 건설이 가능하다고 구술로 답을 하였다. 그러나 乙의 임기 만료 후에 새로 취임한 시장 丙은 공공아파트 신축 예정지역 인근에 시 지정 공원이 있어 아파트 건설로 A시의 환경, 미관 등이 손상될 우려가 있다는 이유로, 주택건설사업계획승인신청을 반려하는 처분(이하 '이 사건 반려처분'이라 한다.)을 하였다. 甲은 이에 불복하여 이 사건 반려처분의 취소를 구하는 행정심판청구 및 집행정지신청(이하 '이 사건 취소심판'이라 한다.)을 하였다. 다음 물음에 답하시오. (40점)

물음 2) 丙은 이 사건 취소심판에 대한 인용재결이 있었음에도 불구하고 이 사건 반려처분에 대하여 아무런 조치를 취하지 않았다. 이때 甲이 취할 수 있는 행정심판법상 구제수단에 관하여 설명하시오. (20점)

1. 사례의 논점
   丙의 이 사건 취소심판에 대한 인용재결에 대한 부작위에 대한 구제조치로서 「행정심판법」상 직접처분과 간접강제가 가능할 것인지 문제된다.

2. 설문의 해결
   취소심판에 대한 인용재결에 대해서는 위원회의 직접처분이 인정되지 않는다. 丙의 부작위에 대해서는 간접강제신청을 통해 간접강제로 구제가 가능하다.

02 행정심판 전 범위 사례연습

≫ 사례 01

쟁점 : 취소심판의 청구요건

甲은 2020. 9. 3. 16:00경 서울시 ○○구에 있는 ○○보건소에서 코로나 예방접종을 받았다. 甲은 같은 날 저녁부터 발열증상을 느끼고 숙면을 취하지 못하였고, 좌측 안면에 마비증상이 나타났다. 甲은 2021. 1. 29. 예방접종 질병관리본부에 피해신청을 하였고, 질병관리본부장은 2021. 3. 27. 피해보상 기각결정(이하 1차 기각)을 하였으며, 위 처분서는 2021. 4. 10.경 원고에게 송달되었다. 「감염병예방법」에는 피해보상기각결정에 대한 이의신청이 규정되어 있지 않지만, 甲은 2021. 7. 17.경 질병관리본부장이 내부적으로 정한 절차에 따라 이의신청을 하였고, 질병관리본부장은 2021. 9. 29. 이의신청을 기각(이하 2차 기각)하였으며, 이 결정서는 2021. 10. 16.경 甲에게 송달되었다. 「감염병예방법」에 의하면 예방접종을 받은 사람이 그 예방접종으로 인하여 질병에 걸리거나 장애인이 되거나 사망하였을 때에는 보상을 하여야 하고 보상에 관한 권한은 질병관리본부장에게 위임되어 있다. 甲이 2021. 12. 23. 중앙행정심판위원회에 질병관리본부장을 피청구인으로 이의신청에 대한 기각결정을 취소하라는 심판을 청구하였다. 취소심판의 청구요건을 구비하였는지 논하시오. (40점)

Ⅰ 사례의 논점

취소심판청구가 적법하기 위해서는 ① 대상적격, ② 청구인적격, ③ 피청구인적격, ④ 청구기간의 준수를 요건으로 갖추어야 한다. 사안에서는 이의신청에 대한 기각결정을 새로운 거부처분으로 볼 수 있는지, 그리고 취소심판의 청구기간을 준수하였는지 문제된다.

Ⅱ 취소심판의 대상적격

1. 거부처분의 성립요건

신청에 대한 거부가 처분이 되기 위해서는 ① 신청한 행위가 처분이어야 하고, ② 그 거부행위가 신청인의 법률관계에 어떤 변동을 일으키는 것이어야 하며, ③ 국민에게 그 처분을 요구할 법규상 또는 조리상의 신청권이 있어야 한다.

2. 이의신청에 대한 결정의 성질

(1) 이의신청과 행정심판의 구별

1) 학설

처분청 자체에 제기하는 이의신청은 행정심판이 아닌 이의신청, 처분청의 직근 상급행정청이나 행정심판위원회에 제기하는 이의신청은 행정심판인 이의신청으로 보는 심판기관기준설과 개별법률에서 이의신청 중 준사법절차가 보장되는 것만을 행정심판으로 보고 그렇지 않은 것은 행정심판이 아닌 이의신청으로 보는 불복절차기준설의 견해대립이 있다.

2) 판례

판례는 절차 및 담당기관을 기준으로 구분하고 있다.

3) 소결

「헌법」제107조 제3항은 행정심판절차는 사법절차가 준용되어야 한다고 규정하고 있는 점에서 준사법절차가 보장되는 것만 행정심판으로 봐야 한다.

(2) 이의신청에 대한 결정의 성질

행정심판인 이의신청에 대한 결정은 행정심판을 청구할 수 없다. 행정심판이 아닌 이의신청의 경우에는 새로운 처분이 될 수 있다. 다만, 이의신청의 대상이 된 기존의 처분을 그대로 유지하는 결정은 새로운 처분이 되지 않는다.

(3) 사안의 경우

「감염병예방법」은 이의신청에 대한 명문의 규정이 없고, 2021. 7. 17.경 질병관리본부장이 내부적으로 정한 절차에 따라 이의신청을 한 것은 「행정기본법」상의 이의신청 기간이 경과된 후 이의신청으로, 이는 새로운 신청에 대한 별도의 심사절차를 거친 거부처분으로 봐야 한다. 따라서 거부처분의 대상적격을 구비한 것으로 봐야 한다.

Ⅲ 취소심판청구기간

1. 원칙

① 행정심판은 처분이 있음을 알게 된 날부터 90일 이내에 청구하여야 한다.

② 행정심판은 처분이 있었던 날부터 180일이 지나면 청구하지 못한다. 다만, 정당한 사유가 있는 경우에는 그러하지 아니하다.

2. 알게 된 날의 의미

(1) 특정인에 대한 처분

당해 처분이 있었다는 사실을 현실적으로 안 날을 의미한다.

(2) 불특정 다수인에 대한 처분

일률적 고시 또는 공고가 효력을 발생하는 날을 의미한다.

3. 사안의 경우

질병관리본부장은 2021. 9. 29. 이의신청을 기각하였으며, 이 결정서는 2021. 10. 16.경 甲에게 송달되었으므로 이때를 기준으로 90일 이내에 제기된 심판청구는 적법한 청구이다.

Ⅳ 피청구인적격

1. 「행정심판법」상 피청구인

행정심판은 처분을 한 행정청(의무이행심판의 경우에는 청구인의 신청을 받은 행정청)을 피청구인으로 하여 청구하여야 한다. 다만, 심판청구의 대상과 관계되는 권한이 다른 행정청에 승계된 경우에는 권한을 승계한 행정청을 피청구인으로 하여야 한다.

2. 처분을 한 행정청

실제 처분을 한 행정청의 명의를 기준으로 한다. 권한의 위임의 경우 수임청이 처분을 하므로 수임청이 피청구인이 된다.

3. 사안의 경우

「감염병예방법」상 피해보상업무가 질병관리본부장에게 위임되어 있고 질병관리본부장이 신청에 대해 거부처분을 한 것이므로 질병관리본부장을 피청구인으로 하여야 한다.

Ⅴ 설문의 해결

① 이의신청에 대한 기각결정은 새로운 신청에 대한 거부처분으로 보고 취소심판의 대상적격을 구비하였다.

② 2021. 10. 16.로부터 90일 이내에 제기된 취소심판으로 심판청구기간을 준수하였다.

③ 질병관리본부장은 권한의 위임을 받은 수임청으로 피청구인적격도 인정된다.

≫ 사례 02

쟁점 : 대상적격과 청구기간, 청구취지변경

甲은 2022. 9. 19. 乙국가보훈부장관에게 우견부 후방관절순 파열 등을 신청 상이로 하여 국가유공자 등록신청을 하였고, 乙국가보훈부장관은 2023. 3. 14. '이 사건 상이와 군 공무수행 사이에 상당인과관계가 인정되지 않는다'는 이유로 국가유공자 및 보훈보상대상자 요건 비해당결정처분(이하 '원결정')을 하였다. 이에 甲은 2023. 4. 5. 乙국가보훈부장관에게 재심의 신청을 하였고, 乙국가보훈부장관은 보훈심사위원회의 재심의를 거쳐 2023. 8. 30. 원결정과 같은 취지에서 한 국가유공자 및 보훈보상대상자 요건 재심의 비해당결정(이하 '재심결정')에 대해 甲은 취소를 구하는 행정심판을 2023. 11. 20.에 청구하였다.

물음 1) 甲의 위 재심결정의 취소를 구하는 행정심판은 대상적격과 청구기간을 준수하였는지 설명하시오. (20점)

물음 2) 甲이 심판이 진행되는 중에 원결정을 취소하라는 청구취지변경을 하는 경우 이는 허용되는지와 이 경우 심판청구기간을 준수한 것으로 봐야 하는지 설명하시오. (20점)

물음 1)

Ⅰ 사례의 논점

재심결정이 이의신청인지, 행정심판에 해당하는지와 이의신청인 경우 취소심판은 재심결정을 대상으로 하는지 아니면 원결정을 대상으로 하는지 문제된다.

Ⅱ 이의신청과 행정심판의 구별

1. 이의신청의 의의

행정청의 행정결정에 대한 불복 중 행정심판이 아닌 불복방법을 이의신청이라 한다.

2. 구별기준

(1) 학설

1) 심판기관기준설

처분청 자체에 제기하는 이의신청은 행정심판이 아닌 이의신청, 처분청의 직근 상급행정청이나 행정심판위원회에 제기하는 이의신청은 행정심판인 이의신청으로 보는 견해이다.

2) 불복절차기준설

개별법률에서 이의신청 중 준사법절차가 보장되는 것만을 행정심판으로 보고 그렇지 않은 것은 행정심판이 아닌 이의신청으로 보는 견해이다.

(2) 판례

판례는 절차 및 담당기관을 기준으로 구분하고 있다.

(3) 소결

「헌법」 제107조 제3항은 행정심판절차는 사법절차가 준용되어야 한다고 규정하고 있는 점에서 준사법절차가 보장되는 것만 행정심판으로 봐야 한다.

3. 사안의 경우

乙국가보훈부장관의 재심의 결정은 별도의 사법절차에 의한 심판으로 볼 수 없다는 점에서 이의신청으로 봐야 한다.

4. 이의신청에 대한 취소심판대상

원결정과 같은 취지에서 한 재심으로서 비해당결정은 이의신청을 받아들이지 아니하는 내용의 결정은 종전의 결정 내용을 그대로 유지하는 것에 불과하다는 점에서 새로운 처분으로 볼 수 없다.

Ⅲ 취소심판의 청구기간

1. 원칙

① 행정심판은 처분이 있음을 알게 된 날부터 90일 이내에 청구하여야 한다.

② 행정심판은 처분이 있었던 날부터 180일이 지나면 청구하지 못한다. 다만, 정당한 사유가 있는 경우에는 그러하지 아니하다.

2. 이의신청을 거친 경우

이의신청에 대한 결과를 통지받은 후 행정심판 또는 행정소송을 제기하려는 자는 그 결과를 통지받은 날부터 90일 이내에 행정심판 또는 행정소송을 제기할 수 있다.

3. 사안의 경우

乙국가보훈부장관은 보훈심사위원회의 재심의결정은 이의신청에 해당하고 2023. 8. 30.로부터 90일 이내에 제기된 취소심판청구는 청구기간을 준수한 것으로 본다.

Ⅳ 설문의 해결

① 乙국가보훈부장관의 재심결정은 행정심판이 아니므로 이 사안에 대해 취소심판을 청구할 수 있지만 재심결정은 원처분을 유지하는 효력에 불과하므로 재심결정을 대상으로 취소심판을 청구할 수 없고 원결정을 대상으로 취소심판을 청구하여야 한다. 재심결정을 대상으로 한 취소심판청구는 부적법하다.

② 乙국가보훈부장관의 재심결정인 2023. 8. 30.로부터 90일 이내에 제기된 취소심판청구는 심판청구기간을 준수하였다.

참조 판례

국가유공자 등 예우 및 지원에 관한 법률 제4조 제1항 제6호, 제6조 제3항, 제4항, 제74조의18의 문언·취지 등에 비추어 알 수 있는 다음과 같은 사정, 즉 국가유공자법 제74조의18 제1항이 정한 이의신청은, 국가유공자 요건에 해당하지 아니하는 등의 사유로 국가유공자 등록신청을 거부한 처분청인 국가보훈처장이 신청 대상자의 신청 사항을 다시 심사하여 잘못이 있는 경우 스스로 시정하도록 한 절차인 점, 이의신청을 받아들이는 것을 내용으로 하는 결정은 당초 국가유공자 등록신청을 받아들이는 새로운 처분으로 볼 수 있으나, 이와 달리 이의신청을 받아들이지 아니하는 내용의 결정은 종전의 결정 내용을 그대로 유지하는 것에 불과한 점, 보훈심사위원회의 심의·의결을 거치는 것도 최초의 국가유공자 등록신청에 대한 결정에서나 이의신청에 대한 결정에서 마찬가지로 거치도록 규정된 절차인 점, 이의신청은 원결정에 대한 행정심판이나 행정소송의 제기에도 영향을 주지 아니하는 점 등을 종합하면, 국가유공자법 제74조의18 제1항이 정한 이의신청을 받아들이지 아니하는 결정은 이의신청인의 권리·의무에 새로운 변동을 가져오는 공권력의 행사나 이에 준하는 행정작용이라고 할 수 없으므로 원결정과 별개로 항고소송의 대상이 되지는 않는다(대판 2016.7.27. 2015두45953).

물음 2)

Ⅰ 사례의 논점

원결정을 취소하라는 청구취지변경이 허용되는지와 허용되는 경우 심판청구기간의 준수 여부를
어느 때를 기준으로 할 것인지가 문제된다.

Ⅱ 청구의 변경

1. 의의

심판청구의 변경이란, 심판청구의 계속 중에 청구인이 당초 청구한 청구취지나 이유를 변경하는
것을 말한다.

2. 요건

(1) 청구기초에 변경이 없을 것

① 청구인은 청구의 기초에 변경이 없는 범위에서 청구의 취지나 이유를 변경할 수 있다.

② 청구의 기초에 변경이 없는 범위란 청구한 사건의 동일성을 깨뜨리지 않는 범위를 말한다. 대
체로 전후의 심판청구로 달성하려고 하는 법률상 이익의 동일성이 유지되는 경우를 말한다.

(2) 청구취지의 변경

청구취지의 변경의 예로는 행정심판의 종류를 변경하는 것, 심판청구의 내용을 변경하는 것 등이 있다.

(3) 사안의 경우

사안에서 재심결정의 취소심판을 청구한 후 원심결정의 취소를 구하는 것으로 청구취지를 변경하
는 것은 동일한 내용의 결정에 대한 청구취지를 변경하는 것으로 허용되는 것으로 본다.

3. 효과

청구변경의 결정이 있으면 행정심판이 청구되었을 때부터 변경된 청구의 취지나 이유로 행정심판
이 청구된 것으로 본다.

Ⅲ 심판청구기간의 준수

1. 심판청구기간

① 행정심판은 처분이 있음을 알게 된 날부터 90일 이내에 청구하여야 한다.

② 행정심판은 처분이 있었던 날부터 180일이 지나면 청구하지 못한다. 다만, 정당한 사유가 있는
경우에는 그러하지 아니하다.

2. 청구변경의 경우 청구기간

재심의 결정의 취소를 구하는 것으로부터 원결정의 취소를 구하는 것으로 변경하는 경우 그 심판
청구기간의 준수 여부는 청구취지 변경시점이 아닌 최초 심판이 제기된 때를 기준으로 판단하여
야 한다.

3. 사안의 경우

최초의 재심결정의 취소심판청구가 재결결정이 있은 날로부터 90일 이내에 제기되었으므로 심판
청구기간이 준수된 것으로 본다.

Ⅳ 설문의 해결

① 재심결정에 대한 취소심판 계속 중 원결정을 취소하라는 취지로 변경하는 것은 청구기초에 변
경이 없으므로 허용된다.
② 최초의 심판청구가 취소심판청구기간 내에 제기되었으므로 심판청구기간도 준수된 것으로 본다.

≫ 사례 03

쟁점 : 법률상 이익, 가구제

국립○○대학교총장 乙(이하 '총장 乙'이라 한다.)은 2020. 4.경 '2021학년도 법학전문대학원 전문석사 입학전형 기본계획'을, 2020. 6.경 '2021학년도 ○○대학교 법학전문대학원 신입생 모집요강'을 각각 공고하였다. 위 각 공고에 따르면 2021학년도 ○○대학교 법학전문대학원의 입학생 선발은 서류전형으로 이루어진 1단계 평가를 거친 후 이에 합격한 학생들을 대상으로 면접평가와 논술평가를 실시하여 최종적으로 입학생을 선발하는 두 단계로 이루어진다. 면접평가는 토요일 오전반과 오후반으로 나누어 실시되고, 응시생들은 무작위로 각 면접반에 배정되는데, 면접결시자는 불합격 처리하도록 되어 있다. 甲은 2021학년도 ○○대 법학전문대학원 전문석사 입학을 위한 입학원서를 제출하였는데, 면접일시가 토요일 일몰 전에 지정될 경우 안식일에 관한 원고의 종교적 신념을 지키면서 면접에 응시할 수 없었다. 총장 乙은 2020. 11. 6. 甲에게 1단계 평가에 합격하였다고 통지하면서 甲의 면접고사 일정을 '2020. 11. 21. (토요일) 오전반'으로 지정하였다. 이에 甲은 2020. 11. 11. 총장 乙에게 면접 일정을 토요일 오후 마지막 순번으로 변경하기를 희망한다는 취지의 이의신청서를 제출하였으나, 총장 乙은 2020. 11. 20. 이를 거부하였다. 甲은 2020. 11. 21. 실시된 2021학년도 ○○대 법학전문대학원 입학생 선발 면접평가에 응시하지 않았고, 총장 乙은 2020. 12. 10. 甲에 대하여 불합격 통지를 하였다. 甲은 2021. 2. 3.에 총장 乙을 상대로 불합격처분의 취소를 구하는 행정심판을 청구하였다.

물음 1) 만약 심판 계속 중에 2021학년도 학기가 시작되었다면 甲의 취소심판 청구는 법률상 이익이 있는지 논하시오. (20점)

물음 2) 만약 2021학년도 학기가 시작되기 전이라면 甲이 「행정심판법」상 취할 수 있는 가구제 수단을 설명하시오. (20점)

물음 1)

Ⅰ 사례의 논점

甲의 취소심판 계속 중 2021학년도 학기가 시작된 경우 취소재결이 있더라도 2021년도에 입학을 할 수 없게 된다는 점에서 취소재결을 구할 법률상 이익이 있는지 문제된다.

Ⅱ 취소심판의 청구인적격

1. 법률상 이익 있는 자

취소심판은 처분의 취소 또는 변경을 구할 법률상 이익이 있는 자가 청구할 수 있다. 처분의 효과가 기간의 경과, 처분의 집행, 그 밖의 사유로 소멸된 뒤에도 그 처분의 취소로 회복되는 법률상 이익이 있는 자의 경우에도 또한 같다.

2. 법률상 이익의 의미

(1) 문제소재

법률상 이익의 범위와 관련해서 견해대립이 있다.

(2) 견해대립

1) 법률상 보호이익설

법적으로 보호되는 개인적 이익을 침해당한 자에게만 행정심판의 청구인적격을 인정하는 견해이다.

2) 보호할 가치 있는 이익설

쟁송법적 관점에서 행정심판에 의해 보호할 만한 가치가 있는 이익이 침해된 자에게는 청구인적격을 인정하는 견해이다.

(3) 판례

처분의 근거법규 및 관련법규에 의해 보호되는 직접적이고 구체적인 개인적 이익을 법률상 이익으로 보고 있다.

(4) 소결

행정심판은 법적 이익의 구제수단이므로 법률상 보호이익설이 타당하다.

3. 회복되는 법률상 이익의 의미

(1) 학설

심판청구인적격의 법률상 이익과 동일하다는 견해와 법률상 이익보다 넓게 파악하여 명예·신용 등 인격적 이익까지 포함한다는 견해의 대립이 있다.

(2) 판례

원칙적으로 법률상 이익과 동일하게 보지만 사안에 따라 장래 불이익처분을 받을 위험성제거 및 명예·신용 등 인격적 이익을 고려한 경우도 있다.

(3) **결론**

국민의 권리구제확대라는 측면에서 판례의 입장이 타당하다.

Ⅲ 설문의 해결

불합격처분이 취소된다 하더라도 甲은 2021학년도 ○○대 법전원 입학시험에 다시 응시할 기회를 갖게 되는 것은 아니다. 그러나 甲은 2022학년도에 ○○대 법전원 입학시험에 다시 응시할 경우 1단계 평가를 별도로 거치지 않고 곧바로 면접평가와 논술평가만을 받을 여지가 있어 불합격처분의 취소를 통해 회복되는 법률상 이익이 인정될 수 있다(판례 입장).

참조 판례

이 사건 불합격처분이 취소된다 하더라도 원고가 2021학년도 ○○대 법전원 입학시험에 다시 응시할 기회를 갖게 되는 것은 아니다. 그러나 원고가 장래에 ○○대 법전원 입학시험에 다시 응시할 경우 1단계 평가를 별도로 거치지 않고 곧바로 면접평가와 논술평가만을 받을 여지가 있어 이 사건 불합격처분의 취소를 통해 원고에게 회복되는 이익이 없다고 단정할 수 없다. 따라서 원고에게는 예외적으로 이 사건 불합격처분의 취소를 구할 법률상 이익이 인정된다(대법원 2024.4.4. 2022두56661).

※ 법률상 이익을 부정하는 답안은 논거를 제시하는 경우 이를 바탕으로 채점될 것으로 보임

물음 2)

① 사례의 논점

총장 乙의 불합격처분은 甲의 입학신청에 대한 거부처분에 해당하다는 점에서 거부처분에 대한 가구제로서 집행정지의 가능성이 문제되고 임시처분이 허용되는지 설명한다.

② 집행정지의 인정 여부

1. 집행정지의 의의

행정심판위원회가 직권 또는 당사자의 신청에 의하여 처분의 효력, 처분의 집행 또는 절차의 속행의 전부 또는 일부의 정지를 결정하는 것을 집행정지라 한다.

2. 집행정지결정의 요건

(1) 적극적 요건

집행정지는 ① 집행정지대상인 처분의 존재, ② 적법한 심판청구의 계속, ③ 중대한 손해가 생기는 것을 예방할 필요성, ④ 긴급성을 요건으로 한다.

(2) 소극적 요건

① 집행정지처분으로 인하여 공공복리에 중대한 영향을 미칠 우려가 없어야 한다.
② 판례는 본안청구의 이유 없음이 명백하지 않을 것을 소극적 요건으로 보고 있다.

3. 거부처분에 대한 집행정지

(1) 쟁점

집행정지의 대상인 처분과 관련 거부처분에 대해 집행정지가 가능한지에 대해서 견해대립이 있다.

(2) 학설

① 거부처분에 대해 집행정지를 하더라도 행정청이 신청에 따른 처분을 할 의무를 부담하지 않는다는 점에서 부정설, ② 원칙적으로 인정되지 않지만 거부처분의 집행정지에 의하여 신청인에게 어떠한 법적 이익이 있다고 인정되는 예외적 경우에는 인정된다는 예외적 긍정설, ③ 집행정지결정의 기속력에 의해 행정청에게 잠정적인 재처분의무가 생긴다고 볼 수 있다는 점에서 긍정설의 견해대립이 있다.

(3) 판례

판례는 일률적으로 거부처분에 대한 집행정지를 부정한다.

(4) 결론

거부처분은 그 자체를 침익적 처분으로 볼 수 없고 거부처분에 대해서는 임시처분이 가능하다는 점에서 부정설이 타당하다.

Ⅲ 임시처분

1. 임시처분의 의의

임시처분이란 행정심판위원회가 직권 또는 당사자의 신청에 의하여 처분 또는 부작위에 대하여 인정되는 임시지위를 정하는 가구제이다.

2. 임시처분의 요건

(1) 적극적 요건

① 적법한 심판청구가 계속 중일 것, ② 처분 또는 부작위가 위법·부당하다고 상당히 의심될 것, ③ 당사자가 받을 우려가 있는 중대한 불이익이나 당사자에게 생길 급박한 위험의 방지의 필요성, ④ 임시지위를 정할 필요성의 존재를 요건으로 한다.

(2) 소극적 요건

① 임시처분으로 인하여 공공복리에 중대한 영향을 미칠 우려가 없을 것, ② 집행정지로 목적달성이 가능하지 않을 것을 요건으로 한다.

Ⅳ 설문의 해결

甲은 불합격처분에 대해 집행정지를 신청할 수 없고 임시처분을 신청할 수 있다. 총장 乙의 불합격처분은 종교적 이유로 차별을 받지 않고 적극적으로 불이익을 제거할 조치를 취할 의무를 위반할 수 있다는 점, 면접이나 논술시험을 치를 지위를 인정할 필요성이 있다는 점에서 임시지위를 구할 필요성이 인정되므로 임시처분을 신청할 수 있다고 봐야 한다.

≫ 사례 04

쟁점 : 대상적격과 청구인적격, 인용재결의 종류

A시는 10여 년 전까지 석탄 사업으로 번창하던 도시였으나, 최근 석탄 산업의 쇠퇴로 현저하게 인구가 줄어들고 있다. 건설교통부장관은 관광레저형 기업도시를 건설하려는 민간기업인 주식회사 甲과 지역 개발을 위해 이를 유치하려는 A시장의 공동제안에 따라 A시 외곽 지역에 개발구역을 지정·고시하고, 甲을 개발사업의 시행자로 지정하였다. 그 후 甲은 개발사업의 시행을 위해 필요한 토지 면적의 55%를 확보한 후, 해당 지역의 나머지 토지에 대한 소유권을 취득하기 위하여 토지소유자 乙, 丙 등과 협의하였으나 협의가 성립되지 않자 중앙토지수용위원회에 수용재결을 신청하였고, 동 위원회는 수용재결을 하였다.

乙은 甲에게 생활대책에 필요한 대체용지의 공급을 포함하는 이주대책의 수립을 신청하였지만 상당한 기간이 경과했는데도 甲은 이주대책을 수립하지 않고 있다. 이에 乙은 이주대책의 수립을 구하는 의무이행심판을 청구하였다.

물음 1) 乙의 의무이행심판청구가 대상적격과 청구인적격을 갖추었는지 설명하시오. (20점)

물음 2) 乙의 의무이행심판을 위원회가 인용하는 경우 인용재결의 형식을 검토하시오. (20점)

※ 참조조문
기업도시개발 특별법 제14조 (토지등의 수용·사용) ⑥ 시행자는 「공익사업을 위한 토지 등의 취득 및 보상에 관한 법률」에서 정하는 바에 따라 개발사업의 시행에 필요한 토지등을 제공함으로 인하여 생활의 근거를 상실하게 되는 자에 대하여 주거단지 등을 조성·공급하는 등 이주대책을 수립·시행하여야 한다.

물음 1)

Ⅰ 사례의 논점

甲의 부작위가 심판청구의 대상이 되는지, 이에 대해 乙은 의무이행심판을 청구할 법률상 이익이 있는지가 문제된다.

Ⅱ 대상적격

1. 의무이행심판의 대상

당사자의 신청에 대한 행정청의 거부처분이나 부작위를 대상으로 한다.

2. 부작위의 성립요건

부작위가 성립하기 위해서는 ① 처분에 대한 신청이 있을 것, ② 상당기간이 경과했을 것, ③ 행정청에 처분을 해야 할 법률상 의무가 있을 것, ④ 처분을 하지 않았을 것(무응답), ⑤ 법규상·조리상 신청권이 있을 것을 요건으로 한다.

3. 신청권의 존재

(1) 문제소재

거부처분이나 부작위의 성립요건으로서 신청권의 존재를 심판요건으로 볼 것인지, 본안판단의 문제로 볼 것인지 견해대립이 있다.

(2) 학설

1) 본안문제설

신청권을 심판요건으로 보면 「행정심판법」상의 처분개념을 부당하게 제한함으로써 국민의 권익구제의 길이 축소된다는 이유로 본안에서 판단할 문제라는 견해이다.

2) 심판요건설

심판요건설은 거부처분이나 부작위의 성립요건으로 보는 견해와 청구인적격의 문제로 보는 견해로 나누어진다.

(3) 판례

판례는 거부처분이나 부작위의 성립요건으로 보고 있다.

(4) 결론

신청권이 인정되지 않으면 처분의 의무가 성립되지 않으므로 심판요건 중 성립요건으로 보는 것이 타당하다.

4. 신청권존부의 판단기준

신청권의 존부는 관계 법규의 해석에 의하여 일반 국민에게 그러한 신청권을 인정하고 있는가를 살펴 추상적으로 결정한다.

Ⅲ 청구인적격

1. 법률상 이익이 있는 자

취소심판은 처분의 취소 또는 변경을 구할 법률상 이익이 있는 자가 청구할 수 있다. 처분의 효과가 기간의 경과, 처분의 집행, 그 밖의 사유로 소멸된 뒤에도 그 처분의 취소로 회복되는 법률상 이익이 있는 자의 경우에도 또한 같다.

2. 법률상 이익의 의미

(1) 학설

법적으로 보호되는 직접적·구체적 이익을 침해당한 자에게만 행정심판의 청구인적격을 인정하는 법률상 보호이익설과 쟁송법적 관점에서 행정심판에 의해 보호할 만한 가치가 있는 이익이 침해된 자에게는 청구인적격을 인정하는 보호가치 있는 이익설의 견해대립이 있다.

(2) 판례

처분의 근거법규 및 관련법규에 의해 보호되는 직접적이고 구체적인 개인적 이익을 법률상 이익으로 보고 있다.

(3) 결론

행정심판은 법적 이익의 구제수단이므로 법률상 보호이익설이 타당하다.

Ⅳ 설문의 해결

甲은 이주대책을 수립할 의무가 있으므로 부작위는 의무이행심판의 대상이 되고 乙은 개발사업의 시행에 필요한 토지 등을 제공함으로 인하여 생활의 근거를 상실하게 되는 자로서 이주대책수립을 요구할 신청권이 인정되므로 청구인적격이 인정된다.

물음 2)

Ⅰ 사례의 논점

의무이행심판의 인용재결과 관련해서 처분재결과 처분명령재결의 관계가 문제된다.

Ⅱ 의무이행심판의 인용재결

1. 인용재결의 종류

위원회는 의무이행심판의 청구가 이유 있다고 인정하면 지체 없이 신청에 따른 처분을 하거나 처분을 할 것을 피청구인에게 명한다.

2. 처분재결과 처분명령재결의 선택

① 원칙적으로는 처분명령재결을 해야 하고 예외적으로 처분재결을 해야 한다는 견해와 위원회의 선택재량이 인정된다는 견해의 대립이 있다.
② 실무상으로는 처분명령재결을 하고 있고, 처분재결은 극히 예외적으로 인정된다.

3. 특정처분명령재결과 일정처분명령재결

(1) 기속행위

청구인의 청구내용대로의 처분을 하거나 이를 할 것을 명령하는 재결을 한다.

(2) 재량행위

재결시를 기준으로 특정처분을 해야 할 것이 명백한 경우에는 신청대로 처분하도록 명령하는 재결을 하고, 명백하지 않다면 재량권의 일탈·남용 및 부당을 명시하여 하자 없는 재량행사를 명하는 재결을 하게 된다.

Ⅲ 설문의 해결

甲이 이주대책을 수립할 의무가 있더라도 그 내용은 재량행위이므로 위원회는 하자 없는 재량행사를 명하는 재결을 하여야 한다.

≫ 사례 05

쟁점 : 대상적격과 청구기간, 인용재결의 종류

시장 乙은 2014. 8. 25. ○○임대주택조합과 주식회사 ○○건설이 공동사업주체로서 ○○동 임대주택단지에 임대아파트 9개 동 686세대를 건축하는 내용의 주택건설사업계획을 승인·고시하면서, 관계 행정청과의 협의 절차를 거쳐 지구단위계획결정이 의제 처리되었음을 함께 고시하였다. 이후 시장 乙은 2014. 9. 25. 지구단위계획결정에 관한 지형도면 고시를 하였고 고시한 날부터 효력이 발생되었다. 이에 甲은 지구단위계획결정의 내용으로 임대주택단지의 진·출입을 위해 임대주택단지에 접하는 토지 3,593m²에 진입도로(폭 20m의 중로 1-25호선)를 설치하려는 것은 진입도로 부지 면적이 임대주택단지 면적 33,361m²의 10.77%에 불과하여 부당하고 지구단위계획결정에 대해 주민의 의견청취절차를 거치지 않았다는 이유로 위법하다고 2014. 12. 17. 지구단위계획결정을 취소하라는 취소심판을 청구하였다.

물음 1) 甲이 주택건설사업계획승인을 대상으로 하지 않고 지구단위계획결정만을 대상으로 취소심판을 청구하는 것은 취소심판의 대상적격 구비 여부와 심판청구기간을 준수한 적법한 청구인지 설명하시오. (20점)

물음 2) 만약 행정심판위원회가 지구단위계획결정이 부당하다고 보는 경우 甲의 청구에 대해 어떠한 재결이 가능할 것인지 설명하시오. (20점)

물음 1)

Ⅰ 사례의 논점

주택건설사업계획 승인·고시에 의해 지구단위계획결정이 의제된 경우 의제된 지구단위계획결정에 하자가 있다고 주장하는 甲이 지구단위계획결정만을 독립해서 취소심판을 제기할 수 있는지와 이에 대한 심판청구기간이 경과한 것은 아닌지가 문제된다.

Ⅱ 취소심판의 대상

1. 취소심판의 의의

취소심판은 처분의 취소 또는 변경을 구할 법률상 이익이 있는 자가 청구할 수 있다.

2. 취소심판의 대상

(1) **처분개념**

행정청이 행하는 구체적 사실에 관한 법집행으로서의 공권력의 행사 또는 그 거부, 그 밖에 이에 준하는 행정작용을 처분이라 한다.

(2) **직접적인 법적 효과**

처분은 특정 사안에 법을 집행하여 구체적이고 직접적인 법적 효과에 영향을 주는 행정작용이어야 한다.

3. 인·허가 의제의 경우

의제된 인허가는 통상적인 인허가와 동일한 효력을 가지므로, 적어도 '부분 인허가 의제'가 허용되는 경우에는 그 효력을 제거하기 위한 법적 수단으로 의제된 인허가의 취소나 철회가 허용될 수 있고, 이러한 직권 취소·철회가 가능한 이상 그 의제된 인허가에 대한 쟁송취소 역시 허용된다 (대판 2018.11.29. 2016두38792).

Ⅲ 취소심판의 청구기간

1. 원칙

① 행정심판은 처분이 있음을 알게 된 날부터 90일 이내에 청구하여야 한다.
② 행정심판은 처분이 있었던 날부터 180일이 지나면 청구하지 못한다. 다만, 정당한 사유가 있는 경우에는 그러하지 아니하다.

2. 알게 된 날의 의미

(1) **특정인에 대한 처분**

당해 처분이 있었다는 사실을 현실적으로 안 날을 의미한다.

(2) 불특정 다수인에 대한 처분

일률적 고시 또는 공고가 효력을 발생하는 날을 의미한다.

Ⅳ 설문의 해결

지구단위계획결정에 하자가 있다고 주장하는 甲은 지구단위계획결정만을 독립해서 취소심판을 제기할 수 있고, 지구단위계획결정은 2014. 9. 25. 지형도면 고시를 하여 이때 효력이 발생하였으므로 2014. 12. 17. 지구단위계획결정을 취소하라는 취소심판청구는 90일 이내에 제기되어 적법한 심판청구에 해당한다.

참조 판례

[심판청구대상]

인허가 의제 대상이 되는 처분에 어떤 하자가 있다고 하더라도, 그로써 해당 인허가 의제의 효과가 발생하지 않을 여지가 있게 될 뿐이고, 그러한 사정이 주택건설사업계획 승인처분 자체의 위법사유가 될 수는 없다. 또한 의제된 인허가는 통상적인 인허가와 동일한 효력을 가지므로, 적어도 '부분 인허가 의제'가 허용되는 경우에는 그 효력을 제거하기 위한 법적 수단으로 의제된 인허가의 취소나 철회가 허용될 수 있고, 이러한 직권 취소·철회가 가능한 이상 그 의제된 인허가에 대한 쟁송취소 역시 허용된다. 따라서 주택건설사업계획 승인처분에 따라 의제된 인허가가 위법함을 다투고자 하는 이해관계인은, 주택건설사업계획 승인처분의 취소를 구할 것이 아니라 의제된 인허가의 취소를 구하여야 하며, 의제된 인허가는 주택건설사업계획 승인처분과 별도로 항고소송의 대상이 되는 처분에 해당한다.

[심판청구기간]

① 피고는 2014. 8. 25. 피고 보조참가인(이하 '참가인'이라고 한다)과 주식회사 서희건설이 공동사업주체로서 이 사건 임대주택단지에 임대아파트 9개동 686세대를 건축하는 내용의 주택건설사업계획을 승인·고시하면서, 관계 행정청과의 협의 절차를 거쳐 이 사건 지구단위계획결정이 의제 처리되었음을 함께 고시하였다.

② 나아가 피고는 2014. 9. 25. 이 사건 지구단위계획결정에 관한 지형도면 고시를 하였고, 원고는 2014. 12. 17. 이 사건 소를 제기하였다.

③ 이러한 사정들을 앞서 본 법리에 비추어 살펴보면, 이 사건 지구단위계획결정은 지형도면을 고시한 날인 2014. 9. 25.부터 그 효력이 발생하였고[국토의 계획 및 이용에 관한 법률(이하 '국토계획법'이라고 한다) 제31조 제1항 참조], 원고는 그날부터 90일 이내인 2014. 12. 17. 이 사건 소를 제기하였으므로, 이 사건 소 중 이 사건 지구단위계획결정의 취소를 구하는 부분은 적법하다(대판 2018.11.29. 2016두 38792).

물음 2)

Ⅰ 사례의 논점

행정심판위원회는 지구단위계획결정이 부당하다고 인정되는 경우 甲의 취소심판청구에 대해 인용재결을 하여야 한다. 취소심판의 인용재결의 종류와 사정재결이 가능할 것인지 문제된다.

Ⅱ 취소심판의 인용재결

1. 재결의 종류

위원회는 취소심판의 청구가 이유 있다고 인정하면 처분을 취소 또는 다른 처분으로 변경하거나 처분을 다른 처분으로 변경할 것을 피청구인에게 명한다.

2. 취소재결

취소재결은 처분이 위법 또는 부당하다고 인정되는 경우에 그 처분을 취소하는 재결을 말한다. 취소재결에는 해당 처분의 전부취소를 내용으로 하는 전부취소재결과 일부취소를 내용으로 하는 일부취소재결이 있다.

3. 변경재결

변경재결은 처분의 내용을 적극적으로 변경하는 재결을 말한다.

4. 변경명령재결

변경명령재결은 처분을 다른 처분으로 변경할 것을 피청구인에게 명하는 재결이다. 행정심판위원회가 직접 변경재결을 하는 것보다 피청구인인 행정청으로 하여금 최선의 방안을 판단하여 처분하도록 하는 것이 합리적일 때에는 변경명령재결을 할 수 있다.

Ⅲ 사정재결

1. 의의

행정심판위원회는 심판청구가 이유가 있다고 인정하는 경우에도 이를 인용하는 것이 공공복리에 크게 위배된다고 인정하면 그 심판청구를 기각하는 재결을 할 수 있는데 이를 사정재결이라 한다.

2. 주문에 위법·부당 명시

행정심판위원회는 재결의 주문에 그 처분 또는 부작위가 위법하거나 부당하다는 것을 구체적으로 밝혀야 한다.

3. 사정재결에 대한 구제조치

행정심판위원회는 사정재결을 할 때에는 청구인에 대하여 상당한 구제방법을 취하거나 상당한 구제방법을 취할 것을 피청구인에게 명할 수 있다.

4. 직권에 의한 사정재결

사정재결에 관하여는 당사자의 명백한 주장이 없는 경우에도 기록에 나타난 여러 사정을 기초로 직권으로 판단할 수 있다는 것이 판례이다.

5. 판단시점

처분의 위법·부당의 판단기준시점은 처분시를 기준으로, 공공복리의 존재 여부에 관한 판단기준 시점은 재결시를 기준으로 한다는 것이 일반적 견해이다.

6. 적용범위

취소심판과 의무이행심판에서 인정되고, 무효등확인심판에서는 인정되지 않는다.

Ⅳ 설문의 해결

행정심판위원회는 지구단위계획결정의 내용이 부당하다고 인정되는 경우 취소재결이 가능하다. 변경재결에 대해서는 위원회가 직접 내용을 정하는 것보다 시장 乙이 다시 결정하는 것이 합리적이므로 변경명령재결을 하는 것이 타당하다. 지구단위계획결정을 취소하는 것이 공공복리에 크게 위배된다고 인정되면 사정재결도 가능하다. 다만, 사안의 경우에는 공공복리에 크게 위배되는지 문제가 명확하지는 않다.

≫ 사례 06

쟁점 : 대상적격과 법률상 이익, 가구제

甲은 골재채취 및 판매업 등을 목적으로 1998. 11. 13. 설립하여 사실상 1인 주주로서 운영하던 회사로서 2001. 10. 19. 乙시장으로부터 채석허가를 받고 허가지역에서 골재채취를 해 왔다. 2003. 4. 24. 丙이 당시 대표이사이던 丁을 대신하여 위 채석허가권을 포함하여 보유부동산, 건설기계 장비, 골재채취업등록 등 원고 회사의 모든 권리와 의무를 피고 戊에게 양도하기로 하는 계약을 체결하였다. 양도・양수계약에 따라 戊는 2003. 4. 28. 토지사용승낙서, 명의변경동의서 및 인허가승계서, 골재채취업등록증 사본 등 소정의 구비서류를 첨부하여 乙시장에게 채석허가수 허가자명의변경신고를 하였고, 이에 乙시장은 2003. 5. 1. 산림의 소유권 및 사용수익권을 증명할 수 있는 서류의 보완을 명한 다음 戊가 이를 보완하자, 2003. 5. 6. 위 신고를 수리하였다.

한편, 戊는 이 사건 양도・양수계약에 따라 피고에게 「골재채취법 시행규칙」 제7조 제2항 각 호 소정의 서류(골재채취업 등록증, 양도계약서 사본 등)를 구비하여 골재채취업 양도・양수신고를 하였는데, 乙시장은 2003. 5. 1. 이를 수리하고 보조참가인에게 골재채취업 등록증을 교부해 주었다.

물음 1) 甲이 이 사건 양도・양수계약은 위조된 서류에 기한 것으로 무효라고 주장하면서 乙시장의 신고수리는 무효임의 확인을 구하는 무효확인심판을 청구하는 경우 대상적격과 법률상 이익이 인정되는지 설명하시오. (20점)

물음 2) 甲이 乙시장의 신고수리에 대해 무효확인심판을 청구하는 경우 「행정심판법상」 가구제 방안이 무엇이 있는지 설명하시오. (20점)

물음 1)

Ⅰ 사례의 논점

甲이 민사소송으로 양도·양수계약의 무효를 다투지 않고 乙시장의 신고수리에 대해 무효확인심판을 청구하는 경우 대상적격과 법률상 이익이 인정되는지 문제된다.

Ⅱ 무효확인심판의 대상적격

1. 무효확인심판의 의의

행정청의 처분의 효력 유무 또는 존재 여부를 확인하는 행정심판을 무효확인심판이라 한다.

2. 대상적격

(1) 처분

1) 처분개념

행정청이 행하는 구체적 사실에 관한 법집행으로서의 공권력의 행사 또는 그 거부, 그 밖에 이에 준하는 행정작용을 처분이라 한다.

2) 직접적인 법적 효과

처분은 특정 사안에 법을 집행하여 구체적이고 직접적인 법적 효과에 영향을 주는 행정작용이어야 한다.

(2) 지위승계신고의 수리의 법적 성격

사업양수에 의한 지위승계신고를 수리하는 허가관청의 행위는 실질에 있어서는 양도자의 사업허가를 취소함과 아울러 양수자에게 적법히 위 사업을 할 수 있는 법규상의 권리를 설정하여 주는 행위로서 사업허가자의 변경이라는 법률효과를 발생시키는 행위라고 봐야 하므로 허가관청이 사업양수에 의한 지위승계신고를 수리하는 행위는 행정처분에 해당한다.

Ⅲ 법률상 이익

1. 무효확인심판의 청구인적격

무효등확인심판은 처분의 효력 유무 또는 존재 여부의 확인을 구할 법률상 이익이 있는 자가 청구할 수 있다.

2. 법률상 이익의 의미

(1) 문제소재

법률상 이익의 범위와 관련해서 견해대립이 있다.

⑵ 견해대립

법적으로 보호되는 개인적 이익을 침해당한 자에게만 행정심판의 청구인적격을 인정하는 법률상 보호이익설과 쟁송법적 관점에서 행정심판에 의해 보호할 만한 가치가 있는 이익이 침해된 자에게는 청구인적격을 인정하는 보호가치 있는 이익설의 견해대립이 있다.

⑶ 판례

처분의 근거법규 및 관련법규에 의해 보호되는 직접적이고 구체적인 개인적 이익을 법률상 이익으로 보고 있다.

⑷ 소결

행정심판은 법적 이익의 구제수단이므로 법률상 보호이익설이 타당하다.

3. 지위승계신고수리

허가관청의 사업양수에 의한 지위승계신고의 수리는 적법한 사업의 양도가 있었음을 전제로 하는 것이므로, 위 사업의 양도행위가 무효라고 주장하는 양도자는 민사쟁송으로 그 양도행위의 무효를 구함이 없이 곧바로 허가관청을 상대로 하여 행정소송으로 위 신고수리처분의 무효확인을 구할 법률상의 이익이 있다.

Ⅳ 설문의 해결

① 乙시장의 지위승계신고의 수리는 허가자의 변경이라는 법적 효과가 발생하므로 무효확인심판의 대상이 되는 처분에 해당한다.
② 甲은 乙시장의 지위승계신고의 수리에 의해 사업허가취소라는 직접적인 침익적 효과를 받는 상대방으로서 수리처분의 무효확인을 구할 법률상 이익이 인정된다.

물음 2)

Ⅰ 사례의 논점

甲이 乙 시장의 신고수리에 대해 무효확인심판을 청구하는 경우 「행정심판법」상 가구제 방안으로 집행정지와 임시처분이 있다.

Ⅱ 집행정지의 인정 여부

1. 집행정지의 의의

행정심판위원회가 직권 또는 당사자의 신청에 의하여 처분의 효력, 처분의 집행 또는 절차의 속행의 전부 또는 일부의 정지를 결정하는 것을 집행정지라 한다.

2. 집행정지결정의 요건

(1) 적극적 요건

집행정지는 ① 집행정지대상인 처분의 존재, ② 적법한 심판청구의 계속, ③ 중대한 손해가 생기는 것을 예방할 필요성, ④ 긴급성을 요건으로 한다.

(2) 소극적 요건

① 집행정지처분으로 인하여 공공복리에 중대한 영향을 미칠 우려가 없어야 한다.
② 판례는 본안청구의 이유 없음이 명백하지 않을 것을 소극적 요건으로 보고 있다.

Ⅲ 임시처분

1. 임시처분의 의의

임시처분이란 행정심판위원회가 직권 또는 당사자의 신청에 의하여 처분 또는 부작위에 대하여 인정되는 임시지위를 정하는 가구제이다.

2. 임시처분의 요건

(1) 적극적 요건

① 처분 또는 부작위가 위법·부당하다고 상당히 의심될 것, ② 당사자가 받을 우려가 있는 중대한 불이익이나 당사자에게 생길 급박한 위험의 방지의 필요성, ③ 임시지위를 정할 필요성의 존재를 요건으로 한다.

(2) 소극적 요건

① 집행정지처분으로 인하여 공공복리에 중대한 영향을 미칠 우려가 없을 것, ② 집행정지로 목적달성이 가능하지 않을 것을 요건으로 한다.

Ⅳ 설문의 해결

① 무효확인심판의 경우에도 집행정지를 신청할 수 있고 甲은 乙시장의 수리처분으로 인해 사업
으로 인한 중대한 손해를 예방할 필요성이 있으므로 수리처분의 효력정지를 구할 법률상 이익
이 인정된다.

② 甲은 집행정지로 가구제가 가능하므로 임시처분은 인정되지 않는다.

≫ 사례 07

> **쟁점 : 가구제**
>
> 甲은 A국 국적으로 대한민국에서 취업하고자 관련법령에 따라 2009년 4월경 취업비자를 받아 대한민국에 입국하였고, 2010년 4월 체류기간이 만료되었다. 乙은 같은 A국 출신으로, 대한민국 국적 남성과 혼인하고 2015년 12월 귀화하였으나, 2016년 10월 협의이혼하였다. 이후 甲은 2017년 7월 乙과 혼인신고를 하고, 2018년 8월 관할행정청인 X에게 대한민국 국민의 배우자(F-6-1) 자격으로 체류자격 변경허가 신청을 하였다. 그러나 甲은 당시 7년여의 '불법체류'를 하고 있음이 적발되었고, 이는 관련법령 및 사무처리지침(이하 '지침'이라 함)상 허가요건 중 하나인 '국내 합법체류자' 요건을 결여하게 되어 X는 2017년 8월 甲의 신청을 반려하는 처분을 하였다. 한편 甲과 乙은 최근 자녀를 출산하였다. 甲은 위 허가를 받지 못하면 당장 A국으로 출국하여야 하고, 자녀 양육에 어려움을 겪는 등 가정이 파탄될 위험에 처하게 된다. X의 반려처분에 「행정심판법」상 가구제 방안을 검토하시오. (40점)

Ⅰ 사례의 논점

「행정심판법」상 가구제로는 집행정지와 임시처분이 인정된다. 임시처분은 집행정지로 목적을 달성할 수 있는 경우에는 허용되지 않으므로 먼저 집행정지가 인정될 것인지, 인정되지 않는다면 임시처분이 허용될 것인지를 검토한다.

Ⅱ 집행정지

1. 집행정지의 의의

행정심판위원회가 직권 또는 당사자의 신청에 의하여 처분의 효력, 처분의 집행 또는 절차의 속행의 전부 또는 일부의 정지를 결정하는 것을 집행정지라 한다.

2. 집행정지결정의 요건

(1) 적극적 요건

집행정지는 ① 집행정지대상인 처분의 존재, ② 적법한 심판청구의 계속, ③ 중대한 손해가 생기는 것을 예방할 필요성, ④ 긴급성을 요건으로 한다.

(2) 소극적 요건

집행정지처분으로 인하여 공공복리에 중대한 영향을 미칠 우려가 없어야 한다.

3. 거부처분에 대한 집행정지

(1) 쟁점

집행정지의 대상인 처분과 관련 거부처분에 대해 집행정지가 가능한지에 대해서 견해대립이 있다.

(2) 학설

① 거부처분에 대해 집행정지를 하더라도 행정청이 신청에 따른 처분을 할 의무를 부담하지 않는다는 점에서 부정설, ② 원칙적으로 인정되지 않지만 거부처분의 집행정지에 의하여 신청인에게 어떠한 법적 이익이 있다고 인정되는 예외적 경우에는 인정된다는 예외적 긍정설, ③ 집행정지결정의 기속력에 의해 행정청에게 잠정적인 재처분의무가 생긴다고 볼 수 있다는 점에서 긍정설의 견해대립이 있다.

(3) 판례

판례는 일률적으로 거부처분에 대한 집행정지를 부정한다.

(4) 결론

거부처분은 그 자체를 침익적 처분으로 볼 수 없고 거부처분에 대해서는 임시처분이 가능하다는 점에서 부정설이 타당하다.

Ⅲ 임시처분

1. 임시처분의 의의

임시처분이란 행정심판위원회가 직권 또는 당사자의 신청에 의하여 처분 또는 부작위에 대하여 인정되는 임시지위를 정하는 가구제이다.

2. 임시처분의 요건

(1) 적극적 요건

① 처분 또는 부작위가 위법·부당하다고 상당히 의심될 것, ② 당사자가 받을 우려가 있는 중대한 불이익이나 당사자에게 생길 급박한 위험의 방지의 필요성, ③ 임시지위를 정할 필요성의 존재를 요건으로 한다.

(2) 소극적 요건

① 임시처분으로 인하여 공공복리에 중대한 영향을 미칠 우려가 없을 것, ② 집행정지로 목적달성이 가능하지 않을 것을 요건으로 한다.

Ⅳ 설문의 해결

① 甲의 신청에 대한 반려처분에 대해서는 집행정지의 실익이 없다는 점에서 집행정지신청이 허용되지 않는다.

② 甲은 X의 반려처분으로 자녀 양육에 어려움을 겪는 등 가정이 파탄될 위험이라는 당사자가 받을 중대한 불이익이나 당사자에게 생길 급박한 위험을 막기 위한 필요성이 인정되므로 임시처분이 허용된다.

≫ 사례 08

쟁점 : 집행정지, 위법판단의 기준시

甲은 ○○시 시장 乙로부터 모래채취 및 판매사업을 위한 4년간의 공유수면점용허가를 받아 사업을 운영해 오고 있다. 甲은 사업을 위한 시설투자에 5억 원을 투자하였고 4년이 도래하기 전에 새로운 허가신청을 하였다. 이에 서산시장 乙은 甲의 허가에 대해 처리를 지연하던 중 4년이 경과하였다는 이유로 새로운 허가신청을 거부하였다. 이에 甲은 취소심판을 청구하였다.

물음 1) 甲이 乙의 허가신청거부에 취소심판을 청구하면서 행정심판위원회에 집행정지를 신청하는 경우 이는 허용되는지 설명하시오. (20점)

물음 2) 甲의 허가신청에 대한 거부처분 후에 법령이 개정된 경우 행정심판위원회는 변경된 법령을 거부처분의 위법성 판단에 대한 판단기준으로 삼을 수 있는가? (20점)

물음 1)

Ⅰ 사례의 논점

乙의 허가신청거부가 「행정심판법」상 집행정지의 대상이 될 수 있는지 문제된다.

Ⅱ 집행정지

1. 집행정지의 의의

행정심판위원회가 직권 또는 당사자의 신청에 의하여 처분의 효력, 처분의 집행 또는 절차의 속행의 전부 또는 일부의 정지를 결정하는 것을 집행정지라 한다.

2. 집행정지결정의 요건

(1) 적극적 요건

집행정지는 ① 집행정지대상인 처분의 존재, ② 적법한 심판청구의 계속, ③ 중대한 손해가 생기는 것을 예방할 필요성, ④ 긴급성을 요건으로 한다.

(2) 소극적 요건

집행정지처분으로 인하여 공공복리에 중대한 영향을 미칠 우려가 없어야 한다.

3. 거부처분에 대한 집행정지

(1) 쟁점

집행정지의 대상인 처분과 관련 거부처분에 대해 집행정지가 가능한지에 대해서 견해대립이 있다.

(2) 학설

① 거부처분에 대해 집행정지를 하더라도 행정청이 신청에 따른 처분을 할 의무를 부담하지 않는다는 점에서 부정설, ② 원칙적으로 인정되지 않지만 거부처분의 집행정지에 의하여 신청인에게 어떠한 법적 이익이 있다고 인정되는 예외적 경우에는 인정된다는 예외적 긍정설, ③ 집행정지결정의 기속력에 의해 행정청에게 잠정적인 재처분의무가 생긴다고 볼 수 있다는 점에서 긍정설의 견해대립이 있다.

(3) 판례

판례는 일률적으로 거부처분에 대한 집행정지를 부정한다.

(4) 결론

거부처분은 그 자체를 침익적 처분으로 볼 수 없고 거부처분에 대해서는 임시처분이 가능하다는 점에서 부정설이 타당하다.

Ⅲ 설문의 해결

乙시장의 허가 거부처분은 집행정지의 대상이 되지 않으므로 이는 허용되지 않는다.

물음 2)

Ⅰ 사례의 논점

乙의 허가신청 거부 후 근거법령이 개정된 경우 거부처분의 위법·부당의 판단의 기준을 처분시로 볼 것인지 재결시로 볼 것인지에 따라 결론이 달라진다.

Ⅱ 처분의 위법·부당성 판단 기준시

1. 취소심판의 경우

(1) 학설

① 행정심판에서 해당 처분의 위법·부당 여부의 판단은 처분 당시의 법령 상태와 사실상태를 기준으로 해야 한다는 처분시설, ② 해당 처분의 위법 여부의 판단은 재결 당시의 법령상태와 사실상태를 기준으로 해야 한다는 재결시설, ③ 원칙적으로 처분시설을 취하되, 계속적 효력을 가진 처분이나 미집행의 처분에 대한 심판에 있어서는 재결시를 기준으로 한다는 절충설의 견해대립이 있다.

(2) 판례

판례는 처분시설에 입각하고 있다. 다만, 제재적 처분의 경우 위반행위 시의 사실관계와 법령에 따라 처분의 적법 여부를 판단하여야 한다는 입장이다.

2. 의무이행심판의 경우

의무이행심판은 핵심이 과거에 행해진 거부처분의 위법·부당 여부를 판단하는 것이 아니라 재결시점에서 거부처분을 계속 유지하는 것이 위법·부당한지를 판단하는 데 있다. 따라서 의무이행심판의 목적을 달성하기 위해서는 재결시점에서 해당 거부처분이 위법·부당한지를 판단하는 것이 타당할 것이다.

Ⅲ 설문의 해결

처분시설에 의하면 개정된 근거법령은 위법·부당의 판단의 근거가 되지 않으나, 재결시설에 의하면 판단의 근거가 된다. 판례에 의하면 개정된 근거법령은 거부처분에 대한 판단의 근거법령이 되지 않는다.

≫ 사례 09

쟁점 : 처분사유의 추가 · 변경, 기속력

甲은 시외버스, 공항버스 등을 운행하는 여객자동차 운송사업을 영위하는 회사이다. 甲은 1997. 6. 9. 경기도지사로부터 10대의 버스로 1개 노선(성남–김포공항 노선)을 운행하는 시외버스(공항버스)운송사업 한정면허를 받았다. 그 후 甲은 의정부, 전곡, 성남 등 8개 노선의 공항버스 운행에 관하여 한정면허 갱신을 신청하였고, 경기도지사는 2012. 3. 14. 유효기간을 2018. 6. 8.까지로 정하여 이 사건 노선에 대한 한정면허를 갱신하였다. 甲은 이 노선에서 공항버스를 이용하는 어린이에 대하여 일반요금의 25% 상당액으로 요금을 할인해 주었다. 甲은 2012. 5.경 보조금을 신청하였고, 이에 따라 2012. 5.경부터 2016. 12.경까지 乙시장으로부터 이 사건 노선에 관하여 청소년 할인 보조금으로 지급받은 금액이 총 1,045,412,000원에 이른다. 乙시장은 「경기도 여객자동차 운수사업 관리 조례」 제18조 제4항을 근거로 甲이 보조금지급대상 업체가 아님에도 거짓이나 부정한 방법으로 보조금을 지원받은 경우에 해당한다고 보아 2017. 9. 27. 甲으로부터 보조금을 환수하고, 그 환수한 날로부터 3년간 甲을 보조금 지원 대상에서 제외한다는 처분을 통보하였다.

물음 1) 甲이 취소심판을 청구하여 진행 중 乙시장이 처분의 근거로 삼은 조례는 상위법의 위임이 없어 위법하다는 주장을 하자 乙시장이 구 「지방재정법」 제32조의8 제7항을 처분의 근거법으로 추가하는 것은 허용되는지 설명하시오. (참고로 이 사건의 근거 조례에 의한 보조금 지원 대상 제외처분은 기속행위이고, 구 「지방재정법」에 의한 보조금 지원대상 제외처분은 재량행위이다.) (20점)

물음 2) 만약 행정심판위원회가 甲은 거짓이나 부정한 방법으로 보조금을 지원받은 경우에 해당하지 않는다는 이유로 乙시장의 처분을 취소재결했으나 乙시장이 보조금을 목적 외의 용도로 사용했다는 이유로 환수처분과 제외처분을 하였다면 이는 취소재결의 기속력에 위배되는지 설명하시오. (20점)

물음 1)

Ⅰ 사례의 논점

조례에 근거한 보조금 환수와 지원대상 처분은 행정청의 기속행위이지만 구 「지방재정법」에 의한 보조금 환수와 지원대상 처분은 재량행위라는 점에서 乙시장이 취소심판이 계속되는 중에 구 「지방재정법」 제32조의8 제7항을 처분의 근거법으로 추가하는 것은 허용되는지 문제된다.

Ⅱ 처분사유의 추가·변경

1. 의의

행정청이 처분을 하면서 처분사유를 밝힌 후 당해 처분에 대한 심판의 계속 중 처분 당시 제시된 처분사유를 변경하거나 다른 사유를 추가하는 것을 처분사유의 추가·변경이라 한다.

2. 인정 여부

(1) 문제점

「행정심판법」에 명문의 인정규정이 없다는 점에서 인정 여부에 대한 견해대립이 있다.

(2) 견해대립

① 기본적 사실관계의 동일성이 유지되는 한도 내에서 인정된다는 기본적 사실관계 동일성설, ② 소송물의 변경이 없는 한 인정해야 한다는 소송물 기준설, ③ 처분의 유형 및 심판의 유형에 따라 허용범위가 달라진다는 개별적 기준설의 견해대립이 있다.

3. 판례

① 일반적으로 기본적 사실관계의 동일성이 유지되는 한도 내에서 처분사유의 추가·변경을 인정하고 있다.

② 과세처분에 대해서는 소송물의 범위 내에서 기본적 사실관계의 동일성이라는 제한 없이 처분사유의 추가·변경을 인정한다.

4. 결어

분쟁의 일회적 해결의 필요성과 심판청구인의 예기치 못한 불이익을 방지해야 할 필요성을 균형 있게 조절해야 한다는 점에서 기본적 사실관계 동일성설이 타당하다고 본다.

Ⅲ 기본적 사실관계의 동일성의 의미

처분사유를 법률적으로 평가하기 이전의 구체적 사실에 착안하여 그 기초인 사회적 사실관계가 기본적인 점에서 동일한지에 따라 결정된다.

Ⅳ 설문의 해결

근거 법령의 추가를 통하여 제재처분인 이 사건 제외처분의 성질이 기속행위에서 재량행위로 변경되는 것으로 볼 수 있고, 그로 인하여 위법사유와 당사자들의 공격방어방법 내용, 법원의 사법심사방식 등이 달라지며, 특히 기속행위에서 재량행위로의 근거 법령 추가에 따라 종래의 법 위반 사실뿐만 아니라 처분의 적정성을 확보하기 위한 양정사실까지 새로 고려되어야 한다. 따라서 당초 처분사유와 소송 과정에서 피고가 추가한 처분사유는 상호 그 기초가 되는 사회적 사실관계의 동일성이 인정되지 않는다고 보아야 한다.

참조 판례

근거 법령의 추가를 통하여 제재처분인 이 사건 제외처분의 성질이 기속행위에서 재량행위로 변경되는 것으로 볼 수 있고, 그로 인하여 위법사유와 당사자들의 공격방어방법 내용, 법원의 사법심사방식 등이 달라지며, 특히 기속행위에서 재량행위로의 근거 법령 추가에 따라 종래의 법 위반 사실뿐만 아니라 처분의 적정성을 확보하기 위한 양정사실까지 새로 고려되어야 한다. 따라서 당초 처분사유와 소송 과정에서 피고가 추가한 처분사유는 상호 그 기초가 되는 사회적 사실관계의 동일성이 인정되지 않는다고 보아야 한다. 기본적 사실관계의 동일성이 인정되지 않는 별개의 사실을 들어 처분사유로 주장하는 것이 허용되지 않는다고 해석하는 이유는 행정처분의 상대방의 방어권을 보장함으로써 실질적 법치주의를 구현하고 행정처분의 상대방에 대한 신뢰를 보호하고자 함에 그 취지가 있다. 앞서 본 피고의 근거 법령 추가로 인하여 원고로서는 당초 위반행위의 존재 또는 근거 법령의 위헌·위법 여부만 다투면 되었던 것이 처분 당시 예상하지 못하였고 사전에 반론을 제기할 기회조차 갖지 못하였던 피고의 재량권 행사 여부 및 재량판단에 대하여 소송상 공방을 하여야 하는 문제가 발생한다. 더욱이 피고가 이 사건 소송에 이르러 이 사건 제외처분의 근거 법령을 당초의 기속행위에 관한 규정에서 재량행위에 관한 규정으로 변경하거나 재량행위에 관한 규정을 추가하였다는 사정은 피고 스스로 이 사건 제외처분으로 달성하려는 공익과 그로써 원고가 입게 되는 불이익의 내용과 정도 등을 전혀 비교형량하지 않았다는 것을 의미하고, 이러한 재량권 불행사는 그 자체로 재량권 일탈·남용에 해당하여 해당 처분을 취소하여야 할 위법사유가 된다. 따라서 피고가 제1심의 소송 도중에 이 사건 제외처분의 근거 법령으로 제시한 기속행위에 관한 규정인 이 사건 조례 제18조 제4항 외에 재량행위에 관한 규정인 구 지방재정법 제32조의8 제7항을 추가하는 것은 원고의 방어권을 침해하는 것으로 볼 수 있으므로, 이 점에서도 처분사유 추가·변경이 허용된다고 보기 어렵다(대판 2023.11.30. 2019두38465).

물음 2)

Ⅰ 사례의 논점

乙시장의 처분을 취소재결한 후 乙시장이 보조금을 목적 외의 용도로 사용했다는 이유로 환수처분과 제외처분을 한 것이 재결에서 밝힌 위법사유와 기본적 사실관계가 동일하다고 볼 것인지 문제된다.

Ⅱ 재결의 기속력의 내용

1. 의의

피청구인인 행정청이나 관계행정청으로 하여금 재결의 취지에 따라 행동할 의무를 발생시키는 효력을 재결의 기속력이라 한다.

2. 내용

(1) 반복금지의무(부작위 의무)

① 인용재결의 내용에 모순되는 내용의 동일한 처분을 동일한 사실관계하에서 반복할 수 없다.
② 종전 처분시와 다른 사유를 들어 처분을 하는 것은 기속력에 저촉되지 아니한다.

(2) 재처분의무(적극적 의무)

① 거부처분이 취소 등 인용재결이 있는 경우 피청구인인 행정청은 재결의 취지에 따라 다시 이전의 신청에 대한 처분을 하여야 한다.
② 거부하거나 부작위로 방치한 처분의 이행을 명하는 재결이 있으면 피청구인인 행정청은 지체 없이 이전의 신청에 대하여 재결의 취지에 따라 처분을 하여야 한다.

(3) 결과제거의무(원상회복의무)

처분의 취소재결 또는 무효확인재결이 있는 경우 행정청은 본래의 처분에 의해 발생한 상태를 제거할 의무를 진다.

3. 동일한 사유인지의 판단기준

동일한 사유인지 다른 사유인지는 종전 처분에 관하여 위법한 것으로 재결에서 판단된 사유와 기본적 사실관계에서 동일성이 인정되는 사유인지 여부에 따라 판단하는 것이 판례이다.

Ⅲ 기속력의 범위

1. 주관적 범위

피청구인인 행정청과 그 밖의 관계행정청을 기속한다.

2. 객관적 범위

재결의 주문 및 그 전제가 되는 요건사실의 인정과 효력의 판단에만 미친다.

3. 시간적 범위

취소재결의 경우 처분시를 기준으로, 의무이행재결의 경우 재결시의 사실관계나 법령을 전제로 기속력이 발생한다.

Ⅳ 설문의 해결

甲이 거짓이나 부정한 방법으로 보조금을 지원받은 경우에 해당하지 않는다는 사유와 보조금을 목적 외의 용도로 사용했다는 사유는 서로 별개의 제재사유로서 기본적 사실관계의 동일성이 인정되지 않으므로 乙시장의 환수처분과 제외처분은 새로운 제재처분으로 재결의 기속력에 위배되지 않는다.

≫ 사례 10

쟁점 : 심판청구기간, 재처분의무 이행방안

甲은 2019. 4. 10. 乙주택공사(이하 '乙'이라 한다)에게 신축아파트의 하자 등을 문제삼아 공사를 실제 진행한 ○○산업에 대한 공사감독사항 등에 관한 정보공개를 청구하였다. 이에 乙은 2019. 4. 17. 甲의 정보공개청구에 대하여 「공공기관의 정보공개에 관한 법률」 제9조 제1항 제5호, 제7호의 비공개정보에 해당한다는 이유로 비공개결정을 하고 甲은 2019. 4. 22. 비공개결정을 통지 받았다. 甲은 2019. 4. 25. 乙에게 이의신청을 하였다. 乙은 2019. 5. 2. 이 사건 이의신청은 이 사건 처분 당시 이미 정보공개심의회의 심의를 거친 사항이라는 이유로 「정보공개법」 제18조 제2항 제1호에 따라 이 사건 이의신청을 각하하는 결정을 하였고, 2019. 5. 2. 이 사건 이의신청에 대한 결과가 甲에게 통지되었다. 甲은 2019. 7. 26. 乙을 상대로 중앙행정심판위원회에 비공개결정에 대한 취소심판을 청구하였다.

물음 1) 甲이 제기한 취소심판은 취소심판의 청구기간을 준수한 것인지 설명하시오. (20점)

물음 2) 만약 중앙행정심판위원회가 비공개결정에 대해 취소재결을 하였음에도 乙이 정보공개를 하지 않는 경우 甲의 「행정심판법」상 구제 방안을 설명하시오. (20점)

물음 1)

Ⅰ 사례의 논점

甲이 제기한 취소심판은 비공개결정을 통지받은 날로부터 90일이 경과하였지만, 이의신청을 거치고 취소심판을 청구하였다는 점에서 취소심판의 청구기간을 준수하였는지 문제된다.

Ⅱ 취소심판의 청구기간

1. 원칙

① 행정심판은 처분이 있음을 알게 된 날부터 90일 이내에 청구하여야 한다.
② 행정심판은 처분이 있었던 날부터 180일이 지나면 청구하지 못한다. 다만, 정당한 사유가 있는 경우에는 그러하지 아니하다.

2. 알게 된 날의 의미

(1) 특정인에 대한 처분

당해 처분이 있었다는 사실을 현실적으로 안 날을 의미한다.

(2) 불특정 다수인에 대한 처분

일률적 고시 또는 공고가 효력을 발생하는 날을 의미한다.

3. 이의신청을 거친 경우

이의신청에 대한 결과를 통지받은 후 행정심판 또는 행정소송을 제기하려는 자는 그 결과를 통지받은 날부터 90일 이내에 행정심판을 제기할 수 있다.

Ⅲ 설문의 해결

공공기관의 비공개결정 등에 대한 이의신청을 하여 공공기관으로부터 이의신청에 대한 결과를 통지받은 후 취소소송을 제기하는 경우 그 제소기간은 이의신청에 대한 결과를 통지받은 날부터 기산한다고 봄이 타당하다. 갑의 취소심판청구는 이의신청에 대한 결과를 통지받은 날로부터 90일 이내에 제기되었으므로 심판청구기간을 준수한 것으로 본다.

물음 2)

Ⅰ 사례의 논점

甲의 「행정심판법」상 구제 방안으로 직접처분과 간접강제가 허용될 것인지 문제된다.

Ⅱ 행정심판위원회의 직접처분

1. 의의

행정청이 처분명령재결의 취지에 따라 이전의 신청에 대한 처분을 하지 아니하는 때에 위원회가 당해 처분을 직접 행하는 것을 말한다.

2. 요건

(1) 적극적 요건

① 처분이행명령재결이 있을 것, ② 위원회가 당사자의 신청에 따라 기간을 정하여 시정을 명할 것, ③ 해당 행정청이 그 기간 내에 시정명령을 이행하지 아니하였을 것을 요건으로 한다.

(2) 소극적 요건

처분의 성질이나 그 밖의 불가피한 사유로 위원회가 직접처분을 할 수 없는 경우에는 직접처분이 허용되지 않는다.

Ⅲ 간접강제

1. 의의

행정청의 거부나 부작위에 대한 인용재결에 의해 행정청이 재처분의무를 이행하지 않는 경우 손해배상을 통해 이행을 강제하는 것

2. 요건

① 거부나 부작위에 대한 취소재결 등이나 의무이행명령재결이 있을 것, ② 행정청의 부작위, ③ 청구인의 신청, ④ 위원회의 상당기간 경과에 대한 지연배상 또는 즉시배상명령이 있을 것을 요건으로 한다.

Ⅳ 설문의 해결

① 중앙행정심판위원회가 비공개결정에 대해 한 취소재결에 대해 乙이 재처분의무를 이행하지 않는 경우 직접처분이 인정되지 않는다.

② 중앙행정심판위원회가 비공개결정에 대해 한 취소재결에 대해 乙이 재처분의무를 이행하지 않는 경우 간접강제를 신청하는 것은 허용될 수 있다.

행정사
임병주 행정사실무법

단문정리(약술형 대비)

02 단문정리 (약술형 대비)

제1절 「비송사건절차법」

≫ 단문 01 민사소송과 비송사건의 구별기준

Ⅰ 비송사건의 의의

법원의 관할에 속하는 민사사건 가운데 사인의 생활관계의 후견적 감독을 대상으로 하는 사건, 민사사건 가운데 소송절차에 의하지 않는 사건을 말한다.

Ⅱ 구별기준

1. 학설

(1) 소송사건

법원의 행위를 기준으로 민사에 관한 사항의 처리에 있어서 법원의 판단기준을 단순히 적용하여 권리·의무의 존부를 판단하는 것을 소송사건이라 한다.

(2) 비송사건

법원이 사인의 생활관계에 후견적으로 개입하여 가장 합목적적이라고 생각하는 바에 따라 처리하도록 맡긴 사항을 비송사건이라 한다.

2. 판례

사건마다 조금씩 다르지만 법원의 합목적적 재량과 절차의 간이·신속의 필요성이라는 비송사건의 특성을 기준으로 합목적적으로 판단한다.

3. 결어

법률의 규정이 명확하지 않은 한 비송사건과 소송사건의 구별은 반드시 절대적인 것이 아니며, 사건의 특성상 비송사건의 특성이 강하게 요구되는지에 따라 구별된다.

≫ 단문 02 민사소송과 비송사건의 차이점

Ⅰ 절차의 개시와 취하

1. 민사소송

① 절차의 개시는 당사자의 신청을 필요로 한다.

② 당사자는 소의 취하를 통해 절차 종료가 가능하다.

2. 비송사건

① 절차개시는 사건에 따라 당사자의 신청에 의하는 경우, 검사의 청구 또는 법원의 직권으로 개시되는 경우가 있다.

② 직권으로 개시되는 경우 신청을 취하하는 것이 인정되지 않고, 당사자의 신청에 의한 경우 신청의 취하가 인정되지만 청구포기·인낙이 인정되지 않는다.

Ⅱ 심리방식

1. 민사소송

원고와 피고 간의 대심구조를 취하며, 공개된 법정에서 구술변론을 열어 양쪽 당사자에게 충분한 주장·증명의 기회를 보장하여야 한다.

2. 비송사건

① 엄격한 대심구조를 취하지 않으며, 비공개가 원칙이다.

② 법원이 증인 또는 감정인의 심문에 관하여는 조서를 작성하고, 기타의 심문에 관하여는 필요하다고 인정하는 경우에 한하여 조서를 작성한다.

Ⅲ 자료의 수집

1. 민사소송

① 원칙적으로 당사자가 제출한 자료만이 재판의 기초가 되며, 당사자가 주장하지 않은 사실을 법원이 인정할 수 없다.

② 당사자의 사실에 대한 자백이 있으면 법원 및 당사자를 구속한다.

2. 비송사건

① 법원이 당사자가 제출한 자료에 구속되지 않으며 직권으로 사실을 탐지할 수 있다.

② 당사자의 주장이나 자백에 구속되지 않으며 필요한 경우 증거조사를 할 수 있다.

Ⅳ 재판의 형식과 효력

1. 민사소송

판결의 형식에 의하며, 선고법원은 원칙적으로 자신들의 판결을 취소·변경할 수 없다.

2. 비송사건

결정의 형식에 의하며, 법원의 결정이 있은 후에도 결정이 위법·부당하다고 생각되는 경우 그 취소·변경이 가능하다.

Ⅴ 불복

1. 민사소송

항소와 상고에 의한다.

2. 비송사건

항고와 재항고에 의한다.

Ⅵ 기판력(기속력)

1. 민사소송

확정된 종국판결에 기판력이 발생하므로, 판결로 확정된 사안과 동일한 사항에 대해 당사자는 소송으로 다툴 수 없고 법원도 그와 모순·저촉되는 판단을 할 수 없다.

2. 비송사건

기판력이 인정되지 않으므로, 법원이 당사자의 신청을 받아들이지 않은 경우 당사자는 다시 이를 신청할 수 있고, 법원도 본래와 다른 결정이 가능하다.

2021년 제9회 행정사 기출

비송사건과 민사소송사건의 구별 기준 및 차이점에 관하여 설명하시오. (20점)

>> 단문 03 비송사건의 특질

Ⅰ 비송사건의 의의

법원의 관할에 속하는 민사사건 가운데 사인의 생활관계의 후견적 감독을 대상으로 하는 사건, 민사사건 가운데 소송절차에 의하지 않는 사건을 말한다.

Ⅱ 비송사건의 특징

1. 직권주의

(1) 절차개시

사건에 따라 당사자의 신청에 의하는 경우, 검사의 청구 또는 법원의 직권으로 개시되는 경우가 있다.

(2) 심판의 대상

심판의 대상과 범위는 당사자의 신청에 구속되지 않으며, 법원은 당사자가 신청하지 아니한 경우라도 심판대상으로 삼을 수 있다.

(3) 절차의 종결

직권주의가 인정되는 경우 사건을 취하하는 것이 인정되지 않고, 당사자의 신청에 의한 경우에는 사건의 취하가 인정되지만 청구포기 · 인낙이 인정되지 않는다.

2. 대리인

소송능력자라면 누구나 소송행위 대리가 가능하다.

3. 직권탐지와 직권 증거조사

법원은 직권으로 사실의 탐지와 필요하다고 인정하는 증거의 조사를 할 수 있다.

4. 비공개주의

법원의 심문은 원칙적으로 비공개로 하며, 법원은 심문을 공개함이 적정하다고 인정하는 자에게 방청을 허가할 수 있다.

5. 재판의 기판력 결여

기판력이 인정되지 않으므로, 법원이 당사자의 신청을 받아들이지 않은 경우 당사자는 다시 이를 신청할 수 있고, 법원도 본래와 다른 결정이 가능하다.

6. 기속력의 제한

(1) 재판의 직권취소·변경

법원은 재판을 한 후에 그 재판이 위법 또는 부당하다고 인정할 때에는 이를 취소하거나 변경하는 것이 가능하다.

(2) 재판의 직권취소·변경 제한

① 신청에 의해서만 재판을 하여야 하는 경우 신청을 각하(却下)한 재판은 신청에 의하지 아니하고는 취소하거나 변경하는 것이 불가능하다.

② 즉시항고로써 불복할 수 있는 재판은 취소하거나 변경하는 것이 불가능하다.

7. 간이주의

(1) 간이한 진행

민사소송에 비하여 절차를 간이하게 진행하여 신속하게 사건을 결정한다.

(2) 이유제시

비송사건의 재판에는 이유를 붙이지 않는 것을 원칙으로 한다. 항고법원의 재판은 이유를 붙인다.

(3) 조서작성

증인 또는 감정인의 심문에 관하여는 조서를 작성하고, 그 밖의 심문에 관하여는 필요하다고 인정하는 경우에만 조서를 작성한다.

(4) 재판의 고지

법원이 적당하다고 인정하는 방법에 의하며, 공시송달을 하는 경우에는 「민사소송법」의 규정에 따라 송달한다.

2019년 제7회 행정사 기출

비송사건절차의 특징을 설명하시오. (20점)

≫ 단문 04 토지관할

Ⅰ 의의

소재지를 달리하는 동종의 법원 사이에서 소재지에 따라 재판권의 분담을 정하는 것을 토지관할
이라 한다.

Ⅱ 일반적 관할

1. 사건별 관할

토지관할에 관한 일반적 규정이 없으며, 각각의 사건마다 당사자와 법원의 편의를 고려하여 개별
적으로 관할을 규정하고 있다.

2. 기준

사람의 주소지, 주된 사무소 소재지, 물건소재지, 채무이행지, 소송계속지 등을 기준으로 사건별로
관할이 규정되어 있다.

Ⅲ 특칙

1. 토지관할의 특칙

토지관할이 주소에 의하여 정하여질 경우 특칙이 「비송사건절차법」 제2조에 규정되어 있다.

2. 주소가 없거나 알지 못할 때

거소지의 지방법원이 사건을 관할한다.

3. 거소가 없거나 알지 못할 때

마지막 주소지의 지방법원이 사건을 관할한다.

4. 마지막 주소지가 없거나 알지 못할 때

재산이 있는 곳 또는 대법원이 있는 곳을 관할하는 지방법원이 사건을 관할한다.

≫ 단문 05 관할의 지정

Ⅰ 의의

여러 법원 사이의 토지관할에 관하여 의문이 있을 때 신청에 의하여 상급법원이 관할법원을 정하는 것을 관할법원의 지정이라 한다.

Ⅱ 관할법원의 지정

1. 지정하는 상급법원

관할법원의 지정은 관계 법원에 공통되는 바로 위 상급법원이 신청에 의하여 결정으로 한다.

2. 신청의 방식

신청의 방식은 특별한 규정이 없으므로 서면 또는 말로 할 수 있다.

3. 불복신청

① 관할법원을 지정하는 결정에 대해서는 불복신청을 할 수 없다.
② 관할법원의 지정신청을 각하하는 결정에 대하여는 항고를 할 수 있다.

>> 단문 06 우선관할 및 이송

Ⅰ 관할의 경합과 우선관할

1. 관할의 경합

관할법원이 여러 곳인 경우 당사자는 임의로 그 하나를 선택할 수 있다. 일반적으로 선택에 의해 다른 법원의 관할권이 소멸하는 것은 아니므로 이송이 가능하다.

2. 우선관할

(1) **의의**

특별히 당사자가 최초로 선택하여 신청을 한 법원에만 관할권을 인정하는 경우를 우선관할이라 한다. 「비송사건절차법」이 이를 규정하고 있다.

(2) **중복제소와 관계**

비송사건에서는 동일한 사건의 신청을 2중으로 하는 것이 금지되지 않는다. 2중의 신청이 있는 경우 우선관할에 의한 대응을 하고 있다.

(3) **직권으로 절차가 개시되는 경우**

법원이 직권으로 절차를 개시한 경우의 우선관할에 관한 명문의 규정이 없다. 최초로 절차를 개시한 법원만이 관할권을 가지는 것으로 해석한다.

Ⅱ 이송

1. 적당한 법원으로 이송

우선관할을 갖는 법원은 신청 또는 직권으로 적당하다고 인정하는 다른 관할법원에 그 사건을 이송할 수 있다.

2. 관할권이 없는 법원의 이송

우선관할로 인해 다른 법원은 관할권을 잃게 되므로, 최초로 신청을 받은 관할법원 이외의 다른 법원이 신청을 받은 경우 해당 사건을 최초로 신청을 받은 관할법원에 이송하여야 한다.

3. 이송의 효력

(1) **다른 법원에 이송금지**

이송받은 법원은 이송결정에 따라야 한다. 소송을 이송받은 법원은 사건을 다시 다른 법원에 이송하지 못한다.

(2) **재판 계속의 효과**

이송결정이 확정된 때에는 소송은 처음부터 이송받은 법원에 계속된 것으로 본다.

4. 불복

이송의 재판으로 인하여 권리를 침해당한 자는 그 재판에 대하여 항고할 수 있다.

2015년 제3회 행정사 기출

비송사건 관할에 관한 다음 물음에 답하시오. (20점)
(1) '토지관할'과 '우선관할 및 이송'에 관하여 설명하시오. (15점)
(2) 관할법원의 지정에 관하여 설명하시오. (5점)

2022년 제10회 행정사 기출

비송사건의 재량이송과 그 이송재판의 효력에 관하여 설명하시오. (20점)

2023년 제11회 행정사 기출

비송사건의 토지관할과 이송에 관하여 설명하시오. (20점)

≫ 단문 07 대리인의 자격 및 대리가 허용되지 않는 경우

Ⅰ 비송사건 대리인의 자격

비송사건에 있어서는 변호사대리의 원칙은 채택되지 않고, 소송능력자이기만 하면 제한 없이 비송사건의 대리인이 될 수 있다.

Ⅱ 대리가 허용되지 않는 경우

1. 본인이 출석하도록 명령을 받은 경우

법원이 본인의 출석을 명령한 경우 대리하게 할 수 없다.

2. 법원의 대리금지 · 퇴정명령

① 법원은 변호사가 아닌 자로서 대리를 영업으로 하는 자의 대리를 금하고 퇴정을 명할 수 있고 이 경우 대리가 허용되지 않는다.

② 이 명령에 대하여는 불복신청을 할 수 없다.

≫ 단문 08 대리권의 증명 및 대리행위의 효력

Ⅰ 대리권의 증명

1. 서면에 의한 증명

소송대리인의 권한은 서면으로 증명하여야 한다.

2. 사문서에 의한 증명

① 서면이 사문서인 경우 그 진정성이 의심스러울 때에는 대리인의 권한을 증명하는 사문서에 관계 공무원 또는 공증인의 인증을 받아오도록 소송대리인에게 명령할 수 있다.
② 이 명령에 대하여는 불복신청을 할 수 없다.

3. 증명제외

당사자가 말로 소송대리인을 선임하고, 법원사무관 등이 조서에 그 진술을 적어 놓은 경우에는 조서에 의하여 위임의 사실이 증명되므로 대리권의 증명을 적용하지 않는다.

Ⅱ 대리행위의 효력

1. 유권대리의 효력

비송대리인이 그 대리권의 범위 내에서 행한 비송행위는 직접 본인에게 효력이 생긴다.

2. 무권대리의 효력

① 무권대리행위는 무효이다.
② 무권대리행위가 신청인 경우 법원은 이를 부적법 각하한다.
③ 법원이 부적법 사유를 간과하고 재판을 한 경우, 그 재판은 당연무효가 되는 것은 아니고, 재판으로 인하여 권리를 침해당한 자는 그 재판에 대하여 항고할 수 있다.

2020년 제8회 행정사 기출

비송사건의 대리에 관한 다음 물음에 답하시오. (20점)
물음 1) 대리인의 자격 및 대리가 허용되지 않는 경우에 관하여 설명하시오. (10점)
물음 2) 대리권의 증명 및 대리행위의 효력에 관하여 설명하시오. (10점)

》단문 09 비송사건의 절차의 개시 유형

Ⅰ 절차의 개시

비송사건에는 당사자의 신청에 의하여 개시되는 '신청사건', 법원이 직권으로 개시하는 '직권사건', 검사의 청구에 의하여 개시되는 '검사청구사건'이 있다.

Ⅱ 신청사건

1. 의의

당사자의 신청에 의해서만 절차가 개시되는 사건으로 비송사건의 대부분은 신청사건에 해당한다.

2. 신청의 방식

신청은 특별한 규정이 없는 한 서면 또는 말로 할 수 있다.

3. 신청의 보정

기재사항에 흠이 있는 경우 상당한 기간을 정하여 보정을 명하고 보정에 응하지 않을 때 신청을 부적법 각하한다.

Ⅲ 직권사건

1. 의의

당사자의 신청이 없더라도 법원이 일정한 처분을 하거나 절차를 개시할 수 있는 사건을 말한다. 대표적으로 과태료사건이 있다.

2. 절차의 개시

법원은 법률의 규정에 의하여 직권으로 절차를 개시하는 경우 그 사건을 알게 된 경위를 불문하고 즉시 절차를 개시한다. 관할 관청의 통지의 취하나 철회가 있더라도 법원은 절차를 개시하거나 계속 진행할 수 있다.

Ⅳ 검사청구사건

1. 의의

검사청구사건은 청구권자로서 검사만 규정한 경우는 없고 이해관계인의 청구나 법원의 직권을 절차개시요건으로 같이 규정하고 있다.

2. 검사의 청구

검사는 비송사건절차를 개시하여야 할 경우를 알게 되면 법원에 재판을 청구하여야 한다.

3. 법원의 통지

법원 등은 검사의 청구에 의하여 재판을 하여야 할 경우가 발생한 것을 알았을 때에는 그 사실을 관할법원에 대응한 검찰청 검사에게 통지하여야 한다.

2021년 제9회 행정사 기출

비송사건절차의 개시 유형에 관하여 설명하시오. (20점)

≫ 단문 10 「비송사건절차법」상 기일

Ⅰ 의의

법원과 당사자 또는 그 밖의 관계인이 일정한 장소에 모여 비송사건에 관한 행위를 하기 위하여 정하여진 일정한 시간을 말한다.

Ⅱ 기일의 종류

'심문기일'과 '증인심문기일'이 있다.

Ⅲ 기일의 지정

1. 지정권자

① 기일의 지정은 재판장이 직권으로 지정한다.
② 수명법관 또는 수탁판사가 신문하거나 심문하는 기일은 그 수명법관 또는 수탁판사가 지정한다.

2. 기일 지정의 효력발생

기일의 지정은 성질상 즉시 효력이 발생하고 고지된 때에 효력이 생기는 것은 아니다.

Ⅳ 기일의 통지

1. 송달

기일은 원칙적으로 기일통지서 또는 출석요구서를 송달하여 통지한다. 다만, 그 사건으로 출석한 사람에게는 기일을 직접 고지하면 된다.

2. 공시송달

당사자의 주소 또는 근무장소를 알 수 없는 경우 등 공시송달의 일정한 요건을 갖춘 경우 공시송달도 허용된다.

3. 간이한 방법에 의한 통지

법원은 대법원규칙이 정하는 간이한 방법에 따라 기일을 통지할 수 있다. 이 경우 기일에 출석하지 아니한 당사자·증인 또는 감정인 등에 대하여 법률상의 제재, 그 밖에 기일을 게을리함에 따른 불이익을 줄 수 없다.

4. 검사에 대한 심문기일의 통지

① 검사는 사건에 관하여 의견을 진술하고 심문에 참여할 수 있다. 사건 및 심문의 기일은 검사에게 통지하여야 한다.

② 검사에 대한 통지 없이 재판을 하여도 위법은 아니라고 본다.

Ⅴ 기일의 해태

1. 절차진행

당사자나 대리인이 심문기일에 출석하지 않은 경우 절차를 그대로 진행할 수 있다.

2. 증인·감정인

증인, 감정인이 출석하지 않은 경우에는 「민사소송법」 규정이 준용된다.

2022년 제10회 행정사 기출

「비송사건절차법」상 기일에 관하여 설명하시오. (20점)

≫ 단문 11 비송사건의 심리

Ⅰ 심리의 의의

비송사건의 심리는 사권관계형성을 위한 사실확정의 절차로서 대부분은 사실관계의 조사절차이다.

Ⅱ 비송사건에서의 심리

1. 심문에 의한 심리

(1) 심문

① 비송사건의 심리는 일반적으로 심문의 방법에 의하여 심리한다. 심문은 필수적인 것은 아니고 임의적이다.

② 법률규정에 의해 재판 전에 관계인의 의견 또는 진술을 듣도록 규정하고 있는 경우에도 반드시 심문기일을 열어 말로 진술하는 것을 청취할 필요는 없고, 서면진술만 허용하여도 무방하다.

(2) 심문의 비공개

심문은 공개하지 아니한다. 다만, 법원은 심문을 공개함이 적정하다고 인정하는 자에게는 방청을 허가할 수 있다.

(3) 심문기일의 통지

① 당사자나 그 밖의 관계인을 법정에서 심문하고자 하는 경우에는 심문기일을 지정하여 통지하여야 한다.

② 심문기일통지서 등을 송달받고도 아무런 답변을 하지 않고, 심문기일에 출석하지도 않은 때에는 진술을 포기한 것으로 보고, 그 진술을 듣지 않고 재판을 하여도 무방하다.

(4) 심문조서의 작성

증인 또는 감정인의 심문에 관하여는 조서를 작성하고, 그 밖의 심문에 관하여는 필요하다고 인정하는 경우에만 조서를 작성한다.

2. 직권탐지와 증거조사

(1) 직권탐지

사실의 탐지를 하는 방식은 법원이 자료의 수집에 적합한 형태로 하면 충분하고 특별한 제한이 없다. 개인이나 단체에 대한 서면 조회 또는 전화 조회, 당사자나 관계인의 심문 등에 의한다.

(2) 증거의 조사

증거조사 방법 가운데 인증과 감정에 관해서는 「민사소송법」을 준용한다.

[2013년 제1회 행정사 기출]

비송사건의 심리방법을 설명하시오. (20점)

≫ 단문 12 비송사건에서의 직권탐지와 증거조사

Ⅰ 직권탐지

사실의 탐지를 하는 방식은 법원이 자료의 수집에 적합한 형태로 하면 충분하고 특별한 제한이 없다. 개인이나 단체에 대한 서면 조회 또는 전화 조회, 당사자나 관계인의 심문 등에 의한다.

Ⅱ 비송사건에서의 증거조사

1. 증거의 조사

증거조사 방법 가운데 인증과 감정에 관해서는 「민사소송법」을 준용하고, 나머지는 모두 사실의 탐지에 속하는 것으로 보는 것이 일반적 견해이다.

2. 심문

① 당사자에 대한 심문에 의해 사실인정이 가능하고 심문은 비공개를 원칙으로 한다.
② 증인 또는 감정인의 심문도 비공개로 이루어진다.
③ 심문은 법정 내에서 행해지지만 증인 등이 출석할 수 없을 때에는 법원 밖에서도 가능하다.

3. 증거조사의 촉탁

증인 또는 감정인의 심문에 관해서는 수명법관 또는 수탁판사로 하여금 증거조사를 하게 할 수 있고, 사실 탐지도 촉탁할 수 있다.

4. 조서의 작성

증인 또는 감정인의 심문에 관하여는 조서를 작성하고, 그 밖의 심문에 관하여는 필요하다고 인정하는 경우에만 조서를 작성한다.

5. 증명의 정도

법정의 증거조사절차에 따르지 않는 간이한 증명방식으로 사실인정을 할 수 있는 자유로운 증명으로 충분하다.

6. 증명책임

직권탐지주의에 의해 당사자의 입증책임이 없지만, 법원의 직권조사만으로 사실의 진상이 분명히 밝혀지지 않는 경우 증명책임의 위험을 당사자가 지게 된다.

2019년 제7회 행정사 기출

비송사건에서의 증거조사에 관하여 설명하시오. (20점)

2024년 제12회 행정사 기출

비송사건절차에서의 사실인정의 원칙과 방법에 관하여 설명하시오. (20점)

02

≫ 단문 13 비송사건절차의 종료사유

Ⅰ 절차의 종료사유

비송사건의 절차의 종료에는 법원의 종국재판에 의한 종료, 당사자의 행위에 의한 종료, 당사자의 사망 등에 의한 종료사유가 있다.

Ⅱ 법원의 종국재판에 의한 종료

1. 의의

종국재판은 법원이 비송사건을 종결하기 위하여 하는 재판으로, 형식은 법원의 결정으로 한다.

2. 즉시항고가 허용되지 않는 경우

종국재판은 이를 받은 자에게 고지함으로써 효력이 발생한다. 재판의 고지와 동시에 절차는 종료된다.

3. 즉시항고가 허용되는 경우

즉시항고가 있는 경우 재판은 확정되지 않지만, 기간 내에 즉시항고가 없는 경우 재판은 확정되고 절차가 종료된다.

Ⅲ 당사자의 행위에 의한 종료

1. 신청의 취하

(1) **신청에 의해서만 절차가 개시된 경우**
① 신청의 취하에 의하여 절차가 종료된다.
② 재판의 고지가 있을 때까지는 제1심에 계속 중이든 항고심에 계속 중이든 자유롭게 취하할 수 있다.

(2) **법원의 직권에 의해 절차가 개시된 경우**
당사자의 신청에 의하여 절차가 개시되었더라도 신청의 취하에 의해 절차가 당연히 종료되는 것은 아니다.

2. 화해

① 「비송사건절차법」에는 재판상 화해에 관한 규정이 없다.
② 합의가 성립한 경우에 합의조서를 작성하고 신청의 취하라는 절차를 취할 수 있다.

Ⅳ 당사자의 사망에 의한 종료

① 해당 절차에서 구하는 권리가 상속대상이 되는 경우에는 상속인이 그 절차를 승계하게 된다.
② 해당 절차에서 구하는 권리가 상속대상이 되지 않는 경우에는 당사자의 사망으로 비송사건절
차는 종료된다.

2014년 제2회 행정사 기출

비송사건절차의 종료 사유에 대하여 설명하시오. (20점)

2024년 제12회 행정사 기출

비송사건절차의 종료 원인에 대하여 설명하시오. (20점)

≫ 단문 14 비용의 부담자와 비용에 관한 재판

Ⅰ 절차비용의 부담자

1. 비용부담의 원칙

① 비용을 부담할 자를 특별히 정한 경우를 제외하고는 신청인이 부담하고, 검사가 신청한 경우에는 국고에서 부담하도록 하고 있다.

② 법원이 직권으로 개시한 경우에는 명문의 규정이 없지만 국고에서 부담한다.

2. 비용의 공동부담

(1) **신청인이 여럿인 경우**

공동소송인은 소송비용을 균등하게 부담한다. 다만, 법원은 사정에 따라 소송비용을 연대하여 부담하게 하거나 다른 방법으로 부담하게 할 수 있다.

(2) **불필요한 행위로 생긴 비용**

공동소송인이라도 권리를 늘리거나 지키는 데 필요하지 아니한 행위로 생긴 소송비용은 그 행위를 한 당사자에게 부담하게 할 수 있다.

3. 국고에 의한 비용의 체당

법원이 직권으로 하는 탐지, 사실조사, 소환, 고지, 그 밖에 필요한 처분의 비용은 국고에서 체당하여야 한다. 비용부담자가 정해지면 국고는 비용부담자의 부담으로 돌린다.

Ⅱ 비용에 관한 재판

1. 의의

비용의 지출자와 비용의 부담자가 다를 때 이를 상환하기 위해 별도로 비용에 관한 재판을 할 필요성이 인정된다.

2. 요건

① 법원이 필요하다고 인정하는 때에 한하여 비용에 관한 재판을 한다.

② 사건의 재판과 함께 그 금액을 확정하여 비용에 관한 재판을 하여야 한다.

③ 사건이 재판에 의하지 아니하고 종료하는 경우 필요하다면 비용의 재판만 가능하다.

3. 비용액의 확정

절차비용의 부담자가 그 예납자나 지출자에게 상환할 절차비용의 금액을 의미한다.

4. 비용의 재판에 대한 불복

① 비용부담의 명령을 받은 자는 항고할 수 있다.

② 본안의 재판과 독립하여 불복신청을 할 수 없고 항고와 동시에 하여야 한다.

③ 사건이 재판에 의하지 않고 종료하여 비용의 재판만을 하였거나, 항고권이 없는 사람에게 비용 부담을 명하는 경우에 비용의 재판에 관하여 불복이 허용된다.

5. 강제집행

비용의 채권자는 비용의 재판에 의하여 강제집행을 할 수 있다.

2018년 제6회 행정사 기출

「비송사건절차법」상 '절차비용의 부담자'와 '비용에 관한 재판'에 관하여 설명하시오. (20점)

≫ 단문 15 재판의 방식과 고지

[I] 재판의 방식

1. 재판의 형식

① 재판은 결정으로써 한다. 결정에는 법률의 특별한 규정이 없는 한 반드시 이유를 기재할 필요가 없다.

② 항고법원의 재판에는 이유를 붙여야 한다.

2. 재판의 원본

재판의 원본에는 판사가 서명날인하여야 한다. 다만, 신청서 또는 조서에 재판에 관한 사항을 적고 판사가 이에 서명날인함으로써 원본을 갈음할 수 있다.

3. 재판의 정본과 등본

① 재판의 정본과 등본에는 법원사무관 등이 기명날인하고, 정본에는 법원인을 찍어야 한다.

② 서명날인은 기명날인으로 갈음할 수 있다.

[II] 재판의 고지

1. 의의

고지를 받는 사람으로 하여금 그 내용을 알 수 있는 상태에 두는 것을 말한다. 비송사건재판은 이를 받은 자에게 고지함으로써 효력이 발생한다.

2. 고지의 방법

① 재판의 고지는 법원이 적당하다고 인정하는 방법에 의한다. 공시송달을 하는 경우 「민사소송법」의 규정에 따른다.

② 고지에 관한 행위는 촉탁할 수 있다.

3. 고지의 상대방

① 고지의 상대방은 재판을 받은 자이다.

② 재판을 받은 자는 재판의 직접적 대상에 의하여 자기의 법률관계가 직접 영향을 받는 사람을 말하고, 간접적으로 자기의 법률관계에 영향을 받는 사람은 이에 포함되지 않는다.

③ 재판을 받은 사람이 신청인과 반드시 일치하는 것은 아니다.

[2016년 제4회 행정사 기출]

「비송사건절차법」상 재판의 방식과 고지에 대하여 설명하시오. (20점)

≫ 단문 16 비송사건재판의 효력

Ⅰ 재판의 효력발생시기

재판은 이를 받은 자에게 고지함으로써 효력이 생긴다.

Ⅱ 재판의 형성력

① 비송사건에서는 재판에 의해 재판의 목적이 된 사권관계가 그 재판의 취지에 따라 변동하는 형성력이 인정된다.
② 형성력은 재판을 받은 사람 외에 다른 제3자에 대하여도 생긴다.

Ⅲ 형식적 확정력

1. 의의

일단 성립한 재판에 대해 법원 스스로 그 재판을 취소·변경할 수 없고, 당사자도 통상의 불복방법으로 다툴 수 없게 되어 더 이상 다툴 수 없게 되는 것을 형식적 확정력이라 한다.

2. 비송사건재판의 형식적 확정력

(1) 원칙

비송사건재판은 법원이 일단 재판을 한 뒤라도 그 재판이 위법 또는 부당하다고 인정할 때에는 이를 취소하거나 변경할 수 있으므로 원칙적으로 형식적 확정력이 부정된다.

(2) 예외

① 통상항고가 허용되는 재판은 항고에 대한 최종심의 실체적 재판이 있을 때 형식적 확정력이 발생한다.
② 즉시항고가 허용되는 재판은 불복신청이 없거나 즉시항고기간의 도과 또는 즉시항고권의 포기 등이 있을 때 형식적 확정력이 발생한다.

Ⅳ 재판의 기판력

민사소송의 판결에서 인정되는 기판력이 비송사건절차에서는 인정되지 않는다.

Ⅴ 집행력

① 비송사건은 사권관계의 형성을 목적으로 하므로 그 집행이 필요하지 않은 것이 일반적이다.
② 절차비용에 관한 재판, 과태료재판처럼 급부를 명하는 재판은 집행력을 갖는다.

[2018년 제6회 행정사 기출]

비송사건의 재판에 형성력, 형식적 확정력, 기판력, 집행력이 있는지를 설명하시오. (20점)

≫ 단문 17 비송사건재판의 취소·변경

Ⅰ 의의

재판의 취소는 재판의 효력을 소멸시키는 것을 말하고, 재판의 변경은 원재판에 대신하는 다른 내용의 재판을 하는 것을 말한다.

Ⅱ 재판의 취소·변경 자유의 원칙

1. 사유

재판을 한 후에 그 재판이 위법 또는 부당하다고 인정할 때 이를 취소하거나 변경할 수 있다.

2. 신청 여부

① 취소·변경의 재판은 항상 직권에 의하고, 신청이 필요하지 않다.
② 신청을 각하하는 재판은 항고할 수 없다.

3. 취소·변경을 할 수 있는 법원

① 원재판을 한 제1심법원에 한한다.
② 항고법원은 항고에 의해 원재판을 취소·변경할 수 있다.

4. 취소·변경시기

① 시기는 특별한 제한이 없다.
② 항고법원의 재판 중에도 취소·변경이 가능하다.

5. 취소·변경의 효과

① 재판의 취소·변경에 의해 대상되는 사권관계의 변동이 생기게 된다.
② 취소·변경의 소급효가 인정될 것인가에 대해서는 견해대립이 있다.

6. 취소·변경의 제한

(1) **신청을 각하한 재판**

신청에 의하여만 재판을 하여야 하는 경우에 신청을 각하한 재판은 신청에 의하지 아니하고는 취소·변경할 수 없다.

(2) **즉시항고로써 불복하는 재판**

즉시항고로써 불복할 수 있는 재판은 취소·변경할 수 없다.

행정사 임병주 행정사실무법
사례/단문

Ⅲ 사정변경에 의한 취소 · 변경

1. 의의

재판이 처음부터 위법 · 부당한 것은 아니지만 사후에 사정변경으로 부당하게 된 경우 재판을 한 법원이 이를 취소 또는 변경하는 것을 말한다.

2. 대상

「비송사건절차법」에는 명문의 규정이 없지만, 판례는 법원이 계속적 법률관계에 대해 일정한 법률관계를 형성하였고 그것이 사정변경으로 말미암아 적절하지 않게 된 경우 사정변경에 의한 취소 · 변경의 대상이 된다고 본다.

2017년 제5회 행정사 기출

비송사건재판의 취소 · 변경을 설명하시오. (20점)

≫ 단문 18 비송사건재판 항고의 종류

I 항고의 의의

하급법원의 재판에 대해 상급법원에 그 취소·변경을 구하는 불복신청을 말한다.

II 항고의 종류

1. 통상항고

① 통상항고 또는 보통항고는 기간제한 없이 어느 때나 제기할 수 있는 항고를 말한다.
② 비송사건의 재판에 대한 원칙적 항고가 이에 속한다.

2. 즉시항고

(1) 의의

① 사건의 신속한 해결의 필요에 의해 제기기간의 제한이 있는 항고를 말한다.
② 즉시항고는 법률에 명문의 규정이 있는 경우에 한해 인정된다.

(2) 제기기간

비송사건의 즉시항고는 재판이 고지된 날로부터 1주 이내에 하여야 한다.

3. 재항고

(1) 의의

① 항고법원의 결정에 대한 항고를 재항고라 한다.
② 항고법원의 결정 및 명령에 대하여는 재판에 영향을 미친 헌법·법률·명령 또는 규칙의 위반을 이유로 드는 때에만 가능하다.

(2) 제기기간

재판이 고지된 날로부터 2주 이내에 하여야 한다.

4. 특별항고

(1) 의의

불복할 수 없는 결정이나 명령에 대하여 재판에 영향을 미친 헌법 위반이 있거나, 재판의 전제가 된 명령·규칙·처분의 헌법 또는 법률의 위반 여부에 대한 판단이 부당하다는 것을 이유로 하는 때에만 대법원에 제기하는 항고를 말한다.

(2) 제기기간

재판이 고지된 날로부터 1주 이내에 하여야 한다.

2015년 제3회 행정사 기출

비송사건절차에서 항고의 의의 및 종류에 관하여 설명하시오. (20점)

≫ 단문 19 항고제기의 효력

Ⅰ 확정차단의 효력

1. 통상항고

통상항고로 불복하는 비송사건재판은 확정력이 없으므로 통상항고의 제기에서는 확정차단의 효력이 문제되지 않는다.

2. 즉시항고

즉시항고를 허용하는 재판에서는 즉시항고의 제기에 의하여 원재판의 확정이 차단된다.

Ⅱ 이심의 효력

원심법원에 항고의 제기가 있으면 원재판의 대상인 사건은 항고심으로 이심된다.

Ⅲ 집행정지의 효력

1. 원칙

항고를 하더라도 원심재판의 형성력, 집행력에는 아무런 영향을 미치지 않는 것이 원칙이다.

2. 예외

(1) 집행정지명령

항고법원 또는 원심법원이나 판사는 항고에 대한 결정이 있을 때까지 원심재판의 집행을 정지하거나 그 밖에 필요한 처분을 명할 수 있다.

(2) 법률의 특별한 규정

즉시항고의 경우 「비송사건절차법」에서 집행정지의 효력을 부여하는 경우가 있다.

2020년 제8회 행정사 기출

비송사건의 제1심 법원 재판에 불복하여 항고하는 경우, 항고기간과 항고제기의 효과에 관하여 설명하시오. (20점)

≫ 단문 20 재판상 대위

(I) 의의

채권자가 채권의 기한이 도래하기 전에 법원의 허가를 받아 채권자대위권을 행사하는 것을 재판상 대위라 한다.

(II) 재판상 대위에 관한 사건

1. 관할법원

채무자의 보통재판적이 있는 곳의 지방법원을 관할로 한다.

2. 절차의 개시

(1) 신청

채권자의 신청에 의한다.

(2) 신청요건

① 채권이 기한 도래 전일 것, ② 채무자의 권리를 행사하지 아니하면 그 채권을 보전할 수 없거나 보전하는 데에 곤란이 생길 우려가 있을 것을 신청요건으로 한다.

(3) 신청방식

신청은 서면 또는 말로 할 수 있다.

3. 심리

① 「비송사건절차법」 총칙상 비공개, 검사의 참여에 관한 규정이 적용되지 않는다.
② 법원은 재판 전에 채권자와 변제자를 심문하여야 한다.
③ 법원은 직권으로 사실의 탐지와 필요하다고 인정하는 증거의 조사를 하여야 한다.

4. 재판

① 재판은 결정으로써 한다.
② 법원은 대위의 신청이 이유 있다고 인정한 경우에는 담보를 제공하게 하거나 제공하게 하지 아니하고 허가할 수 있다.
③ 신청인에게 고지하는 것 외에 대위의 신청을 허가한 재판은 직권으로 채무자에게 고지하여야 한다. 고지를 받은 채무자는 그 권리를 처분할 수 없다.

5. 불복방법

① 신청을 각하한 재판에 대하여는 채권자가 즉시항고를 할 수 있다.
② 신청을 허가한 재판에 대하여는 채무자가 즉시항고를 할 수 있다.
③ 항고의 기간은 채무자가 재판의 고지를 받은 날부터 기산한다.

6. 항고비용의 부담

① 신청을 허가한 재판은 채무자가 이를 부담한다.

② 항고절차의 비용과 항고인이 부담하게 된 전심의 비용에 대하여는 신청인과 항고인을 당사자로 보고 「민사소송법」 제98조에 따라 패소한 당사자가 이를 부담한다.

2013년 제1회 행정사 기출

재판상 대위에 관한 사건을 설명하시오. (20점)

≫ 단문 21 과태료재판

Ⅰ 과태료재판

① 과태료사건은 다른 법령에 특별한 규정이 있는 경우를 제외하고는 과태료를 부과받을 자의 주소지의 지방법원이 관할한다.

② 과태료재판은 이유를 붙인 결정으로써 하여야 한다. 이때 과태료재판 절차의 비용은 과태료를 부과하는 선고가 있는 경우에는 그 선고를 받은 자가 부담하고, 그 밖의 경우에는 국고에서 부담한다.

③ 항고법원이 당사자의 신청을 인정하는 재판을 한 경우에는 항고절차의 비용 및 전심에서 당사자가 부담하게 된 비용은 국고에서 부담한다.

Ⅱ 과태료재판에 대한 불복방법

1. 정식재판

① 법원은 재판을 하기 전에 당사자의 진술을 듣고 검사의 의견을 구하여야 한다.

② 당사자와 검사는 과태료재판에 대하여 즉시항고를 할 수 있다. 이 경우 항고는 집행정지의 효력이 있다.

2. 약식재판

① 법원은 타당하다고 인정할 때에는 당사자의 진술을 듣지 아니하고 과태료재판을 할 수 있다.

② 당사자와 검사는 약식재판의 고지를 받은 날부터 1주일 내에 이의신청을 할 수 있다.

③ 약식재판은 이의신청에 의하여 그 효력을 잃는다.

④ 이의신청이 있는 경우 법원은 당사자의 진술을 듣고 다시 재판하여야 한다.

2014년 제2회 행정사 기출

「비송사건절차법」상 과태료 재판에 대한 불복방법을 설명하시오. (20점)

2017년 제5회 행정사 기출

법원은 정당한 사유 없이 재판에 증인으로 출석하지 않은 甲에게 약식재판으로 과태료 500만 원을 부과하고, 甲에게 과태료 결정의 고지를 하였다. 甲은 이 고지를 받은 날부터 1주 이내에 즉시항고를 하였다. 이에 법원이 즉시항고에 따른 과태료 재판을 하면서 甲에게 진술기회를 주지 않았다면 그 재판은 적법한지를 설명하시오. (20점)

제2절 「행정사법」

≫ 단문 01 행정사의 자격취득 시기와 업무

Ⅰ 행정사의 자격취득

행정사 자격시험에 합격한 사람은 행정사 자격이 있다. 업무를 개시하기 위해서는 사무소소재지 시장 등에게 신고하여야 한다.

Ⅱ 행정사의 업무

1. 원칙

행정사는 다른 사람의 위임을 받아 업무를 수행한다. 다만, 다른 법률에 따라 제한된 업무는 할 수 없다.

2. 일반행정사

해운 또는 해양안전심판에 관한 업무는 제외한다.

(1) 행정기관에 제출하는 서류의 작성
① 진정·건의·질의·청원 및 이의신청에 관한 서류
② 출생·혼인·사망 등 가족관계의 발생 및 변동 사항에 관한 신고 등의 각종 서류

(2) 권리·의무나 사실증명에 관한 서류의 작성
개인(법인을 포함) 간 또는 국가나 지방자치단체와 개인 간의 ① 각종 계약·협약·확약 및 청구 등 거래에 관한 서류, ② 그 밖에 권리관계에 관한 각종 서류 또는 일정한 사실관계가 존재함을 증명하는 각종 서류를 작성하는 일

(3) 작성된 서류의 제출 대행
다른 사람의 위임에 따라 행정사가 작성한 서류를 행정기관 등에 제출하는 일

(4) 인가·허가 및 면허 등을 받기 위하여 행정기관에 하는 신청·청구 및 신고 등의 대리
다른 사람의 위임을 받아 인가·허가·면허 및 승인의 신청·청구 등 행정기관에 일정한 행위를 요구하거나 신고하는 일을 대리하는 일

(5) 행정 관계 법령 및 행정에 대한 상담 또는 자문에 대한 응답
행정 관계 법령 및 제도·절차 등 행정업무에 대하여 설명하거나 자료를 제공하는 일

(6) 법령에 따라 위탁받은 사무의 사실 조사 및 확인
법령에 따라 위탁받은 사무의 사실을 조사하거나 확인하고 그 결과를 서면으로 작성하여 위탁한 사람에게 제출하는 일

3. 해사행정사

해운 또는 해양안전심판에 관한 업무(행정기관에 제출하는 각종 서류를 번역하는 일은 제외)

4. 번역행정사

(1) 행정기관의 업무에 관련된 서류의 번역

행정기관에 제출하는 각종 서류를 번역하는 일

(2) 작성된 서류의 제출 대행

번역한 서류의 제출 대행

[2024년 제12회 행정사 기출]

행정사법령상 일반행정사가 다른 사람의 위임을 받아 수행하는 업무에 관하여 설명하시오. (20점)

≫ 단문 02 업무신고와 수리 거부

Ⅰ 업무신고

1. 신고권자

행정사 자격이 있는 사람으로서 행정사 업무를 하려는 자가 신고권자이다.

2. 신고서 제출기관

주된 사무소의 소재지를 관할하는 특별자치시장·특별자치도지사·시장·군수·자치구의 구청장에게 하여야 한다.

3. 신고기준

① 결격사유에 해당하지 않을 것, ② 실무교육을 이수했을 것, ③ 행정사 자격증이 있을 것, ④ 대한행정사회에 가입했을 것을 신고기준으로 한다.

4. 첨부서류

신고서에 ① 행정사 자격증 사본 1부, ② 실무교육 수료증 사본 1부, ③ 행정사회 회원증 1부를 첨부하여야 한다.

5. 신고확인증의 발급

시장등은 행정사업무신고를 받은 때에는 그 내용을 확인한 후 행정안전부령으로 정하는 바에 따라 신고확인증을 행정사에게 발급하여야 한다.

Ⅱ 업무신고의 수리 거부

1. 수리 거부

① 시장 등은 행정사업무신고를 하려는 사람이 행정사업무신고 기준을 갖추지 아니한 경우에는 그 행정사업무신고의 수리를 거부할 수 있다.
② 이 경우 지체 없이 행정사업무신고의 수리 거부 사실 및 그 사유를 당사자에게 알려야 한다.

2. 신고수리 간주

시장 등이 업무신고를 받은 날부터 3개월이 지날 때까지 신고확인증을 발급하지 아니하거나 행정사업무신고의 수리 거부 통지를 하지 아니하면 3개월이 되는 날의 다음 날에 행정사업무신고가 수리된 것으로 본다.

3. 이의신청

① 행정사업무신고의 수리가 거부된 사람은 그 통지를 받은 날부터 3개월 이내에 행정사업무신고의 수리 거부에 대한 불복의 이유를 밝혀 시장 등에게 이의신청을 할 수 있다.

② 시장 등은 이의신청이 이유 있다고 인정하면 신고확인증을 발급하여야 한다.

2017년 제5회 행정사 기출

「행정사법」상 업무신고와 그 수리 거부에 관하여 설명하시오. (20점)

» 단문 03 폐업신고와 휴업신고

Ⅰ 폐업신고

1. 의의

행정사가 폐업한 경우에는 본인이, 사망한 경우에는 가족이나 동거인 또는 그 사무직원이 지체 없이 그 사실을 시장 등에게 신고하여야 한다. 폐업한 행정사가 업무를 다시 시작할 때에도 또한 같다.

2. 폐업 전 행정제재처분효과의 승계 등

(1) 행정사의 지위승계

폐업신고를 한 후 업무를 다시 시작하는 신고를 한 행정사는 폐업신고 전 행정사의 지위를 승계한다.

(2) 제재처분의 승계

폐업신고 전의 행정사에 대하여 업무정지처분의 효과는 그 처분일부터 1년간 업무를 다시 시작하는 신고를 한 행정사에게 승계된다.

(3) 제재처분사유의 승계

① 업무를 다시 시작하는 신고를 한 행정사에 대하여 폐업신고 전 행정사의 위반행위를 사유로 업무정지처분을 할 수 있다. 다만, 폐업신고를 한 날부터 업무를 다시 시작하는 신고를 한 날까지의 기간이 1년을 넘은 경우는 그러하지 아니하다.
② 이 경우 폐업한 기간과 폐업의 사유 등을 고려하여 업무정지의 기간을 정하여야 한다.

Ⅱ 휴업신고

1. 의의

행정사가 3개월이 넘도록 휴업(업무신고를 하고 업무를 시작하지 아니하는 경우를 포함)하거나 휴업한 행정사가 업무를 다시 시작하려면 시장 등에게 신고하여야 한다.

2. 신고수리의 통지

시장 등은 휴업 후 업무재개신고를 받은 날부터 15일 이내에 신고수리 여부를 신고인에게 통지하여야 한다.

3. 신고수리의 간주

시장 등은 업무재개신고를 받은 날부터 15일 이내에 신고수리 여부 또는 민원 처리 관련 법령에 따른 처리기간의 연장을 신고인에게 통지하지 아니하면 그 기간이 끝난 날의 다음 날에 신고를 수리한 것으로 본다.

4. 폐업 간주

휴업한 행정사가 2년이 지나도 업무를 다시 시작하지 아니하는 경우에는 폐업한 것으로 본다.

≫ 단문 04 신고확인증 발급과 대여 등의 금지

Ⅰ 신고확인증 발급

① 시장 등은 행정사업무신고를 받은 때에는 그 내용을 확인한 후 신고확인증을 행정사에게 발급하여야 한다.

② 신고확인증을 발급받은 사람은 신고확인증을 잃어버리거나 못 쓰게 된 경우에는 행정안전부령으로 정하는 바에 따라 시장 등에게 재발급을 신청할 수 있다.

Ⅱ 대여 · 알선금지

① 행정사는 다른 사람에게 신고확인증을 대여하여서는 아니 된다.

② 누구든지 다른 사람의 신고확인증을 대여받아 사용하여서는 아니 된다.

③ 누구든지 신고확인증의 대여를 알선하여서는 아니 된다.

2020년 제8회 행정사 기출

「행정사법」상 업무신고의 기준과 행정사업무신고확인증에 관하여 설명하시오. (20점)

≫ 단문 05 행정사의 업무상 의무와 책임

Ⅰ 사무직원 지도 · 감독의 책임

① 행정사는 사무직원을 둘 수 있으며, 소속 사무직원을 지도 · 감독할 책임이 있다.
② 사무직원의 직무상 행위는 그를 고용한 행정사의 행위로 본다.

Ⅱ 보수와 관련된 의무

① 행정사는 업무를 위임한 자로부터 보수를 받는다.
② 행정사와 그 사무직원은 업무에 관하여 보수 외에 어떠한 명목으로도 위임인으로부터 금전 또는 재산상의 이익이나 그 밖의 반대급부를 받지 못한다.

Ⅲ 직무관련상의 의무

1. 직무수행상의 의무

① 행정사는 품위를 유지하고 신의와 성실로써 공정하게 직무를 수행하여야 한다.
② 행정사가 위임받은 업무를 수행하면서 고의 또는 과실로 위임인에게 재산상의 손해를 입힌 경우에는 그 손해를 배상할 책임이 있다.

2. 수임제한

① 공무원직에 있다가 퇴직한 행정사는 퇴직 전 1년부터 퇴직할 때까지 근무한 행정기관에 대한 인가 · 허가 및 면허 등을 받기 위하여 행정기관에 하는 신청 · 청구 및 신고 등의 대리(代理) 업무를 퇴직한 날부터 1년 동안 수임할 수 없다.
② 수임제한은 법인구성원 또는 소속행정사로 지정되는 경우를 포함한다.

3. 비밀엄수의무

행정사 또는 행정사이었던 사람(행정사의 사무직원 또는 사무직원이었던 사람 포함)은 정당한 사유 없이 직무상 알게 된 사실을 다른 사람에게 누설하여서는 아니 된다.

4. 업무처리부 작성의무

① 행정사는 업무를 위임받으면 업무처리부를 작성하여 보관하여야 한다.
② 행정사는 작성한 업무처리부를 1년간 보관하여야 한다.

Ⅳ 교육을 받을 의무

1. 실무교육

행정사 업무를 시작하려면 행정안전부장관이 시행하는 실무교육을 받아야 한다.

2. 연수교육

시·도지사가 직접 또는 위탁기관에게 위탁한 기관이나 단체에서 실시하는 연수교육을 받아야
한다.

2019년 제7회 행정사 기출

「행정사법」제4장에서는 행정사의 권리와 의무 및 책임에 관하여 각각 규정하고 아울러 금지행위를 열거
하고 있다. 이 가운데 위 금지행위를 제외하고, 제21조의 행정사의 의무와 책임을 포함하여 「행정사법」
제4장에서 규정하는 행정사의 업무와 관련된 의무와 책임을 기술하시오. (20점)

≫ 단문 06 행정사의 금지행위와 벌칙

Ⅰ 행정사의 금지행위

① 정당한 사유 없이 업무에 관한 위임을 거부하는 행위

② 당사자 중 어느 한 쪽의 위임을 받아 취급하는 업무에 관하여 이해관계를 달리하는 상대방으로부터 같은 업무를 위임받는 행위. 다만, 당사자 양쪽이 동의한 경우는 제외

③ 행정사의 업무 범위를 벗어나서 타인의 소송이나 그 밖의 권리관계분쟁 또는 민원사무처리과정에 개입하는 행위

④ 업무수임 또는 수행 과정에서 관련 공무원과의 연고 등 사적인 관계를 드러내며 영향력을 미칠 수 있는 것으로 선전하는 행위

⑤ 행정사의 업무에 관하여 거짓된 내용을 표시하거나 객관적 사실을 과장 또는 누락하여 소비자를 오도하거나 오해를 불러일으킬 우려가 있는 내용의 광고행위

⑥ 행정사 업무의 알선을 업으로 하는 자를 이용하거나 그 밖의 부당한 방법으로 행정사 업무의 위임을 유치하는 행위

Ⅱ 벌칙

1. 1년 이하의 징역 또는 1천만 원 이하의 벌금(④, ⑤ 위반의 경우)

① 업무수임 또는 수행 과정에서 관련 공무원과의 연고 등 사적인 관계를 드러내며 영향력을 미칠 수 있는 것으로 선전하는 행위를 한 경우

② 행정사의 업무에 관하여 거짓된 내용을 표시하거나 객관적 사실을 과장 또는 누락하여 소비자를 오도하거나 오해를 불러일으킬 우려가 있는 내용의 광고행위를 한 경우

2. 100만 원 이하의 벌금(①, ②, ③, ⑥ 위반의 경우)

① 정당한 사유 없이 업무에 관한 위임을 거부한 자

② 당사자 양쪽으로부터 같은 업무에 관한 위임을 받은 자

③ 타인의 소송이나 그 밖의 권리관계분쟁 또는 민원사무처리과정에 개입한 자

④ 알선을 업으로 하는 자를 이용하거나 그 밖의 부당한 방법으로 행정사 업무의 위임을 유치한 자

2018년 제6회 행정사 기출

「행정사법」상 행정사와 그 사무직원의 금지행위와 이를 위반한 경우의 벌칙에 관하여 설명하시오. (20점)

≫ 단문 07 행정사법인의 설립과 설립인가의 취소

ⓘ 행정사법인

행정사는 업무를 조직적이고 전문적으로 수행하기 위하여 3명 이상의 행정사를 구성원으로 하는 행정사법인을 설립할 수 있다.

Ⅱ 행정사법인의 설립

1. 설립인가

행정사법인을 설립하려면 행정사법인의 구성원이 될 행정사가 정관을 작성하여 대통령령으로 정하는 바에 따라 행정안전부장관의 인가를 받아야 한다. 정관을 변경할 때에도 또한 같다.

2. 설립등기

① 행정사법인은 그 주사무소의 소재지에서 설립등기를 함으로써 성립한다.
② 설립등기는 설립인가증을 받은 날부터 14일 이내에 주사무소 소재지의 관할 등기소에서 한다.
③ 행정사법인의 구성원이 될 행정사 전원이 공동으로 신청하여야 한다.
④ 행정안전부장관은 법인이 설립등기한 내용을 확인하여야 한다.

Ⅲ 설립인가의 취소

1. 의의

행정안전부장관은 행정사법인이 「행정사법」에 규정된 사유에 해당하는 경우 설립인가를 취소하여야 하거나 할 수 있다.

2. 임의적 설립인가 취소

① 법인구성원에 관한 요건을 6개월 이내에 보충하지 아니한 경우
② 업무정지처분을 받고 그 업무정지 기간 중에 업무를 수행한 경우
③ 법령을 위반하여 업무를 수행한 경우

3. 필수적 설립인가 취소

거짓이나 그 밖의 부정한 방법으로 설립인가를 받은 경우

4. 청문

행정안전부장관은 행정사법인의 설립인가를 취소하려는 경우에는 청문을 해야 한다.

> **2021년 제9회 행정사 기출**
> 행정사법령상 행정사법인의 설립과 설립인가의 취소에 관하여 설명하시오. (20점)

≫ 단문 08 행정사법인의 합병절차

Ⅰ 합병

1. 행정사법인의 합병

행정사법인은 법인구성원 전원의 동의가 있으면 다른 행정사법인과 합병할 수 있다.

2. 행정사법인의 합병절차

(1) 합병인가

행정사법인을 합병하려면 행정사법인의 구성원이 될 행정사가 정관을 작성하여 대통령령으로 정하는 바에 따라 행정안전부장관의 인가를 받아야 한다. 정관을 변경할 때에도 또한 같다.

(2) 합병등기

① 행정사법인은 그 주사무소의 소재지에서 합병등기를 함으로써 성립한다.
② 합병등기는 합병인가증을 받은 날부터 14일 이내에 주사무소 소재지의 관할 등기소에서 한다.
③ 행정사법인의 구성원이 될 행정사 전원이 공동으로 신청하여야 한다.
④ 행정안전부장관은 법인이 합병등기한 내용을 확인하여야 한다.

Ⅱ 해산

1. 해산사유

행정사법인은 다음 각 호의 사유로 해산한다.
① 정관에서 정하는 해산 사유의 발생
② 법인구성원 전원의 동의
③ 합병 또는 파산
④ 설립인가의 취소

2. 해산신고

행정사법인이 해산하면 청산인은 지체 없이 그 사유를 대통령령으로 정하는 바에 따라 행정안전부장관에게 신고하여야 한다.

≫ 단문 09 행정사법인의 업무수행 방법

Ⅰ 법인명의의 업무수행

행정사법인은 법인의 명의로 업무를 수행하여야 한다.

Ⅱ 업무담당자 지정

1. 지정

① 수임한 업무마다 그 업무를 담당할 법인구성원 또는 소속행정사를 지정하여야 한다.
② 소속행정사를 담당행정사로 지정할 경우에는 법인구성원과 공동으로 지정하여야 한다.

2. 지정하지 않은 경우

행정사법인이 수임한 업무에 대하여 담당행정사를 지정하지 아니한 경우에는 법인구성원 모두를 담당행정사로 지정한 것으로 본다.

Ⅲ 담당행정사

① 담당행정사는 지정된 업무에 관하여 그 법인을 대표한다.
② 행정사법인이 그 업무에 관하여 작성하는 서면에는 행정사법인의 명의를 표시하고 담당행정사가 기명날인하여야 한다.

2022년 제10회 행정사 기출

「행정사법」상 행정사법인의 업무신고 및 그 수리의 거부와 행정사법인의 업무수행방법에 관하여 기술하시오. (단, 행정사법인의 업무신고기준 및 절차에 관한 것은 제외함) (20점)

≫ 단문 10 「행정사법」 제31조(감독상 명령 등)에 따른 '장부 검사'와 제30조(자격의 취소)에 따른 '자격취소'

Ⅰ 장부검사

1. 감독명령의 의의

행정안전부장관이나 행정사의 사무소 또는 법인의 주사무소를 관할하는 시장 등이 감독을 위하여 필요하다고 인정하는 경우 명령하는 것을 말한다.

2. 감독명령의 내용

① 업무에 관한 사항을 보고하게 하거나 업무처리부 등 자료의 제출 또는 그 밖에 필요한 명령을 할 수 있다.

② 소속 공무원으로 하여금 그 사무소에 출입하여 장부·서류 등을 검사하거나 질문하게 할 수 있다.

Ⅱ 자격의 취소

1. 의의

행정안전부장관은 행정사가 「행정사법」에 규정된 사항에 해당하는 경우에는 그 자격을 취소하여야 한다.

2. 자격취소의 사유

① 거짓이나 그 밖의 부정한 방법으로 행정사 자격을 취득한 경우

② 신고확인증을 양도하거나 대여한 경우

③ 업무정지처분을 받고 그 업무정지 기간에 행정사 업무를 한 경우

④ 「행정사법」을 위반하여 징역형이 확정된 경우

3. 청문

행정안전부장관은 행정사 자격을 취소하려는 경우에는 청문을 하여야 한다.

[2015년 제3회 행정사 기출]

「행정사법」 제31조(감독상 명령 등)에 따른 '장부 검사'와 제30조(자격의 취소)에 따른 '자격취소'에 관하여 설명하시오. (20점)

≫ 단문 11 「행정사법」상 업무정지

Ⅰ 업무정지의 의의

행정사사무소(행정사합동사무소 또는 행정사법인의 경우에는 주사무소)의 소재지를 관할하는 시장 등은 행정사 또는 행정사법인이 「행정사법」상 규정된 사유에 해당하는 경우에는 6개월의 범위에서 기간을 정하여 업무의 정지를 명할 수 있다.

Ⅱ 업무정지의 사유

① 두 개 이상의 사무실을 설치한 경우
② 행정사합동사무소를 구성하는 행정사 또는 법인구성원이 상근하지 아니한 경우
③ 휴업신고를 하지 아니한 경우
④ 위임인으로부터 보수 외에 금전 또는 재산상 이익이나 그 밖의 반대급부를 받은 경우
⑤ 소속행정사 및 법인구성원이 그 행정사법인의 사무소 외에 따로 사무소를 둔 경우
⑥ 보고 또는 업무처리부 자료 제출 등의 명령에 따르지 아니하거나 검사 또는 질문을 거부·방해 또는 기피한 경우

Ⅲ 제척기간

업무정지처분은 그 사유가 발생한 날부터 3년이 지나면 할 수 없다.

2014년 제2회 행정사 기출

「행정사법」상 행정사의 업무정지사유와 업무정지처분효과의 승계에 대하여 설명하시오. (20점)

2023년 제11회 행정사 기출

「행정사법」상 행정사의 자격취소와 업무정지에 관하여 설명하시오. (20점)

≫ 단문 12 「행정사법」 위반행위에 대한 과태료

Ⅰ 과태료부과권자

「행정사법」상 과태료는 행정안전부장관, 시·도지사 또는 시장 등이 부과·징수한다.

Ⅱ 과태료부과대상자의 유형과 내용

1. 500만 원 이하의 과태료

① 행정사가 아니면서 행정사 또는 이와 비슷한 명칭을 사용한 자
② 행정사사무소, 행정사합동사무소 또는 그 분사무소나 행정사법인 또는 그 분사무소와 비슷한 명칭을 사용한 자
③ 손해배상책임 보장 조치를 취하지 아니한 행정사법인
④ 정당한 사유 없이 보고 또는 자료제출을 하지 아니하거나, 거짓으로 보고·자료제출을 하거나, 출입·검사를 방해·거부 또는 기피한 자

2. 100만 원 이하의 과태료

① 사무소 이전신고를 하지 아니한 자
② 행정사사무소, 행정사합동사무소 또는 행정사법인이라는 글자를 사용하지 아니하거나 그 분사무소임을 표시하지 아니한 자
③ 업무처리부를 작성하지 아니하거나 거짓으로 작성한 자
④ 연수교육을 받지 아니하고 행정사 업무를 수행한 사람

2016년 제4회 행정사 기출

「행정사법」상 과태료 부과대상자의 유형 및 내용에 대하여 설명하시오. (20점)

2025 박문각 행정사 2차
임병주 행정사실무법 사례/단문

초판인쇄 | 2024. 11. 20. **초판발행** | 2024. 11. 25. **편저자** | 임병주

발행인 | 박 용 **발행처** | (주)박문각출판 **등록** | 2015년 4월 29일 제2019-000137호

주소 | 06654 서울시 서초구 효령로 283 서경 B/D 4층 **팩스** | (02)584-2927

전화 | 교재 문의 (02)6466-7202

저자와의
협의하에
인지생략

정가 18,000원

ISBN 979-11-7262-332-6